管理職の教科書

アンガーマネジメント

ANGER MANAGEMENT

川嵜昌子

総合科学出版

はじめに

私がアンガーマネジメントを知ったのは、偶然でした。

友人がフェイスブックにたまたまアップした1枚の写真に、「アンガーマネジメント」という文字があったのです。

その写真は、大阪の会議室の掲示板で、その日のたくさんの予定のひとつに、アンガーマネジメントの講座がありました。

アンガーマネジメント？　怒りをマネジメント、ということは、ネガティブな感情をマネジメントする。

これはビジネスパーソンに使えそうだと、ピンとくるものがありました。そこで、内容を調べ、アンガーマネジメントを学ぶことにしたのです。

私は、もともと経営者向けビジネス雑誌の編集の仕事をしており、その後、経営コンサルティングの仕事をするようになったのですが、取材や相談を通じて、ビジネス、仕事がうまくいっている経営者や、リーダー、マネジャーには、共通点があると感じていました。

それは、「心のあり方」に関することです。彼ら彼女らは、物事がうまくいっていないときの心のあり方が、ニュートラルで前向きなのです。

そう思っていたときに、アンガーマネジメントに出合い、これは、もしかしたら、仕事がうまくいくビジネスパーソンの心のあり方とも関係しているのではないかと思いました。

そして、実際に学んでいくうちに、思ったとおり、**アンガーマネジメントの考え方、ノウハウには、仕事をうまくいかせ、ビジネスを成功に導くヒントがある**と確信しました。

それは、いったいどういうことなのでしょうか？

アンガーマネジメントは、アメリカで生まれた、怒りの感情と上手に付き合うための心理トレーニングです。

人は「感情の生き物」と言われるように、「感情」は、毎日の生活、人生において、良くも悪くも、大きな意味合いをもっています。それは、家庭やプライベートだけでなく、職場、ビジネスにおいても同様です。

職場で嬉しいことがあれば、やる気が出て、仕事の生産性や質も高まりますが、怒りや悲しみを感じることが続くと、やる気を失い、職場に行くのが苦痛になります。

ビジネス、仕事、その他さまざまなことで、人は、自分の思いどおりにいくときもあれば、そうでないときもあります。

思いどおりにいかないと、誰でも多かれ少なかれネガティブな気持ちになりますが、そんなとき、その状況をどう捉え、どんな態度で、どう対処するかによって、事態は良い方向にも悪い方向にも向かいます。

感情は、私たちに何かを伝えていますが、うまくいっている人は、それを聞き取り、最初はネガティブな気持ちであっても、比較的早く、ニュートラル、ポジティブな気持ちに変えることができています。

アンガーマネジメントは、自分の感情と向き合い、自分の気持ち、考え方、価値観を確認しながら、行動を自ら決めていくものです。決して、人のせい、何かのせいにはしないため、逆に言えば、人や何かに振り回されることもありません。そういった自分の心のあり方に、うまくいく人の共通点と通じる部分があります。

人へのありかたも同様です。

人間関係のトラブルは、たいてい自分と相手との考え方、価値観の違いから来ています。怒っているとき、人は、「自分が正しくて、相手が間違っている」「相手が悪い」と思っています。「相手が非常識だ」「私の気持ちをないがしろにされた」と感じるのです。

アンガーマネジメントは、そういった怒りの仕組みを知って対処するものですが、うまくいっている人は、自分と相手の違いを認識し、どちらの気持ちも大切にし、理解し合う努力をしています。

この本では、職場においてありがちな怒りの問題について取り上げています。ビジネスパーソン、とくに管理職がアンガーマネジメントを知れば、無駄な怒りを減らせ、よりよい人間関係構築、仕事の生産性向上につながります。

さあ、アンガーマネジメントを始めましょう。

川嵜　昌子

２０１７年　10月

【アンガーマネジメント　管理職の教科書】目次

CHAPTER 5

男性社員と女性社員では、怒りのツボが違う？

CHAPTER 6

上司への怒り・部下への怒り

CHAPTER 7

相手と自分のタイプも考慮しよう

CHAPTER 8

こんなときどうすればよい？ ～上司への怒り

CHAPTER 9

こんなときどうすればよい？ ~部下への怒り

CHAPTER 12

自分への怒り

CHAPTER 1

リーダー、マネジャーにありがちなイライラ

過渡期の難しい職場で管理職の負荷は増大

「最近の若者は」とは、昔から言われ続けてきたフレーズですが、変化のスピードが速い現代は、昔よりも、世代間ギャップが大きくなっています。

若者世代と中堅世代では、生まれ育った環境がかなり違います。ＩＴの発達や少子高齢化の度合い、経済の様相も異なっています。価値観、考え方、行動スタイルなどにギャップがあって当然です。

さらに、世代間ギャップだけでなく、同世代であっても、たとえば、ＩＴをどれくらい使いこなしているかなど、個人間のギャップも拡がっています。

職場環境も、昔と今では、異なっています。終身雇用が一般的だった時代は、長期間、同じ会社の社員として過ごし、その社風に馴染み、似たような価値観、考え方の人たちと働くことが、珍しくありませんでした。けれども、今は、同じ会社でも、違う雇用形態、価値観、考え方の人たちと働くのが普通になっています。

多様な価値観、考え方の人たちと一緒に働くことは、決して悪いことではありませんが、比較的「違い」に慣れていない私たち日本人は、違和感を覚え、ストレスにつながることが少なくありません。**違いを受け入れられず、怒りにつながる**ことも多々あります。

もっとも、これまでも社会には、さまざまな「違い」をもつ人たちが存在していました。自分と関係のない世界の人たちとは交流がなく、情報も入ってきませんでした。

しかし、現代では、SNSやブログを通じて、自分とは違う世界の情報や、これまで実際に接する機会があっても、お互いよく知らなかった人の情報もたやすく入ってきます。職場で顔を知っている程度の人でも、日々の活動を知ることができたりもします。

現代は、歴史の過渡期であり、働く環境、働き方も変わりつつあります。

実際に、価値観や行動スタイルが多様化しているうえに、これまで知らずに済んだ情報も入ってくることで、誤解やトラブルも生じやすくなっています。

過渡期の難しい職場において、リーダー、マネジャーなど管理職にかかる負荷は増大しています。

「サンドウィッチ」……中間管理職の宿命

私は、現在は個人事業主ですが、その前は23年間、企業の管理職でした。独立するまでの社員歴26年のうち、ほとんどの期間、管理職として過ごしてきました。

管理職研修で言われて印象的だった言葉があります。それは、**「サンドウィッチ」**です。

「あなた方、管理職は上と下から挟まれるサンドウィッチです。それが宿命です」

「宿命と言われてもねぇ」と、まわりの管理職たちと顔を合わせて苦笑いしたのを覚えています。

実際に管理職は、上司と部下に挟まれて、苦しい立場に立たされることが少なくありません。上司は部下の働きを不十分と感じ、「もっと頑張ってほしい」と言う一方、部下からは、「それは無理な注文」と返されます。

上司は「君がどうにかしろ。彼ら（部下）にやらせろ」と要求し、部下は「無理です。できません。上に現場の状況を伝えてください」と頼み、どちらも一歩も引こうとしません。

上司と部下とでは、仕事の経験も能力もモチベーションも異なっています。上司からすれば「簡単な仕事」でも、部下からすれば「大変な仕事」です。

しかし、上司は、「そこをカバーし、結果を出すのが管理職だ」と思っています。状況を説明しても、「できない理由を並べるのではなく、できる方法を考えろ」と、怒りをぶつけてくる人が少なくありません。

一方で、部下は、「上の圧力、無理難題に対して、壁になり、跳ね返してくれるのが、良い管理職」「自分たちのことを理解し、守ってほしい」と思っています。その期待に応えられないと、失望が怒りに変わります。

とくに、上司が、部下からすると「思い付き」で、イレギュラーな仕事を振ってくる頻度が高いと、部下が心理的に一杯一杯になり、イライラしやすくなります。そして、その怒りは連鎖し、ギスギスした職場になりかねません。

管理職は、まさに上と下に挟まれたサンドウィッチ状態でストレスも溜まりますし、「まったく、みんな勝手なことばかり言って」と、上司、部下への怒りも生まれます。

「仕事ができる人」にありがちなイライラ

先ほど、上司と部下とでは、仕事の経験も能力もモチベーションも異なっていると書きましたが、上司に限らず、いわゆる「仕事ができる人」は、**自分ができることは他人もできるはずだ**と思っていることが少なくありません。

そういう人は、自分のこれまでの経験から、「努力をすれば、たいていのことはできるようになる。努力をしないから、できないのだ」という価値観をもっていたりします。そして、部下に対しても、努力して、できるようになることを要求します。

上司が部下に対して、「努力して、できるようになること」を期待するのは、決して悪いことではありません。けれども、この手の上司は、部下の努力が足りないように感じたり、期待よりも成長スピードが遅かったりするとイライラします。

さらに良くないのは、部下ができるようになっても、上司は基準をどんどん上げていき、なかなか満足しないことです。できて当然と考えているので、せっかくできるようになっても、相手を十分に褒めたり、評価したりしません。

部下からすると、いくら頑張っても評価されず、いつも「これだけ足りない」と言われるため、だんだんモチベーションが下がっていきます。

上司は、部下に100の力を望んでいて、部下が80だと感じるので、「20足りない」と言っているのですが、部下にすれば、80が100なのです。「いま100の力を125に上げろ」と言われているに等しいのです。

そこで頑張って125にしたら、いつの間にか基準が勝手に150に上がっていて、「25足りない」と言われている状態です。

仕事ができる人は、理想の状態を100として、現状はいくつだから、これだけ足りないと、**減点方式で考えがち**です。そして、足りない部分は努力で埋まると考えますが、思ったように結果が出てこないとイライラします。

また、この手の上司が部下に理想の状態を求める場合、相手に「こういう理由で、これをできるようになってほしい」と伝えていれば良いのですが、**勝手に期待**して、相手に伝えていないこともあります。そして、伝えもしないのに、「どうして期待に応えないのか」とイライラしたりします。

日本人にありがちなイライラ

そもそも日本人のコミュニケーションスタイルは、**「伝えること」よりも「聞くこと」、言われなくても察して動くことを重視する傾向**にあります。いわゆる「以心伝心」です。

アメリカの文化人類学者、エドワード・T・ホールが唱える「ハイ・コンテクスト文化とロー・コンテクスト文化」でいうと、日本はハイ・コンテクスト文化になります。コンテクストとは、コミュニケーションの基盤になる言語、共通の知識・体験・価値観・考え方・習慣などで、それらを共有している割合が高いのがハイ・コンテクスト文化です。

ハイ・コンテクスト文化の地域においては、いちいち伝えなくてもわかって当然という気持ちが大きく、伝えないとわからない「空気を読めない」人や「気が利かない」人への評価が低くなります。そのため逆に、細かい部分まで明確に伝えることは、相手を読めない人と見なす「失礼なこと」として嫌われ、曖昧な表現が好まれます。

現在の日本は、かつてに比べると、ライフスタイルも、価値観、考え方も多様化、細分化し、わざわざ言わないとわからない状態になっています。

それにも関わらず、これまでと同様、察することが重視され、求められています。とくに上の立場の人は下の立場の人に、何も言わなくても、汲み取って動くことを求める傾向があります。

上司が部下に、お客さんがスタッフに、何を求めているのか、「いちいち言わせるな」「考えればわかるだろう」ということは珍しくありません。

とくに、サービス業では、何も言われなくても**「察して動く」「痒いところに手が届く」こと**が良いサービスだという認識があるため、伝えずにいて、期待以上に応えることが求められています。

しかし、察して動いたことが、相手が求めていた内容と違っていることは、多々あります。そもそも、言葉で伝える場合でも、話し手が伝えたいことと、聞き手が受け取ることは、同じではありません。

たとえば、「甘いものが食べたい」「食事は軽いものでいいよ」という場合、「甘いもの」「軽いもの」が具体的に何を表わしているのか、人によって異なり、ズレや誤解が生じます。

同様に、「ここ、掃除してくれました?」という場合、単なる事実の確認か、掃除の仕方が足りないという非難か、掃除したことへの感謝か、伝えたいことと相手が受け取ることが、食い違ってしまうことはよくあります。

言葉で伝えてもズレがあるのに、伝えずに察することを求めれば、求める側の期待と、求められる側の対応がすれ違うことは、いわば当然です。

けれども、怒りの原因として、「察してくれない」「イメージしていた通りに、対応してくれない」ということは、よくあることです。

世代間ギャップ、個人間ギャップに加えて、グローバル化も進んでいます。国内の職場でも、外国人スタッフと一緒に働いたり、海外からのお客さんを迎えたりすることは、少しも珍しくありません。

ますます「察すること」が難しくなるなか、ロー・コンテクスト文化の国のように、正確に伝え、聞いて確認するよう切り替えていかないと、トラブルが発生し、お互いに怒り合うことになります。

CHAPTER 2

アンガーマネジメントとは

「怒ってはいけない」わけではない

さまざまな「違い」をもつ人たちが混在している現代の職場。

上と下から無理難題を押し付けられ、「察して動いてほしい」と要求されている中間管理職が、イライラを感じることは多々あります。なかには、怒りを露わにし、まわりにぶつける人もいます。一方で、怒りの気持ちを飲み込み、耐える人もいます。

後者は、職場では感情、とくに怒りの感情を出してはいけないと思っていたり、出せなかったりします。男性に多いですが、女性で「感情的」「ヒステリック」と言われないように、感情を表に出さない人もいます。

怒りの気持ちを飲み込み、表に出さなくても、腹が立っていることにかわりはありません。むしろ、飲み込んだ分、怒りが溜まっていき、あるとき、爆発することもあります。

怒りの感情を我慢する、殺すのではなく、怒りと上手に付き合っていくための心理トレーニングが、アンガーマネジメントです。

アンガーマネジメントは、1970年代にアメリカで始まり、2001年の「9・11」テロの社会不安で一気に普及したと言われています。

アメリカをはじめとして、ヨーロッパ、アジア、全世界に普及しており、職場や家庭の人間関係、青少年教育、スポーツ、司法と幅広い分野で、アンガーマネジメントの教育、トレーニングが行なわれています。

アンガーは怒りの感情、マネジメントは管理するという意味ですが、怒らないことではありません。私たちは、怒った後、「あんなに怒らなければよかった」と後悔することもあれば、怒らずに「ちゃんと怒ればよかった」と後悔することもあります。

アンガーマネジメントの目的は、**「後悔しないこと」**です。そのために、**怒る必要のあることは上手に怒れ、怒る必要のないことには怒らない**ようになることを目指します。

「上手に怒る」というのは、**人を傷つけず、自分を責めず、物を壊さず、怒っていることを表現すること**です。その方法を知って、トレーニングすることにより、できるようになります。

そもそも人はなぜ怒るのか？

アンガーマネジメントでは、「怒り」は、喜怒哀楽のひとつで、自然な感情だと捉えています。怒らない人はいないし、怒りをなくすこともできません。

怒りの気持ちが生まれたときに、どういう言動をとるか、マネジメントするのがアンガーマネジメントであり、怒りの気持ち自体をなくすものではありません。

しかしながら、「怒りは悪」「怒る人は大人気ない」と躾られ、「私は怒ったりしません」と言う人もいます。

逆に、相手のために怒るのは正しく、怒ることが指導であり、躾だと思っている人もいます。このような人は、「上司や教師、親は、部下や生徒、子供を怒るのが仕事」と言ったりもします。

そもそも人はなぜ怒るのでしょうか？

怒りは「防衛感情」と考えられています。身を守るための感情です。

動物が敵に襲われそうになったとき、命を守るための機能がルーツです。アドレナリンが放出され、臨戦態勢になり、戦うか逃げるかを判断します。

人にとっても、何らかの「危険」から身を守るための感情が「怒り」です。そのため、怒りを感じることは、決して悪いことでも、大人気ないことでもありません。

もし、「相手のために怒る」「指導、躾」という気持ちがあったとしても、怒りを感じたのは、それと同時に自分へ降りかかる「危険」を察し、身を守ろうとしたからでもあります。

何を「危険」と感じたのでしょう？

たとえば、相手が自分の思ったとおりに動かないことに対して、自分の指導力、立場、威厳が脅かされていると思えて、「心の危険」を感じたのかもしれません。

今度、腹が立ったときに、あなたはどんな「危険」から、身を守ろうとしているのか、考えてみてください。

怒りは溢れ出た第二次感情

怒りは**「第二次感情」**と言われています。すなわち、「怒り」単体が、どこからか降って来るのではなく、別の感情である**「第一次感情」**が形を変えたものという意味です。

「第一次感情」は、不安、つらい、苦しい、痛い、嫌だ、疲れた、寂しい、虚しい、悲しいなどの、ネガティブな感情です。

それら「第一次感情」が、「心のコップ」に一杯になり、これ以上入りきれなくなると、怒りという「第二次感情」として溢れ出します。

たとえば、待ち合わせの相手が、時間になっても来ない。連絡もつかない。日時を間違えたか、場所を間違えたか、相手に何かあったのかと、不安な気持ちで待っていました。そこに、本人がやって来たものの、遅れた理由も言わなければ、謝りもしません。

そんなとき、「不安」という「第一次感情」が、「怒り」という「第二次感情」に形を変えて溢れ出すことがあります。

「私が不安だったことをわかっていない」「私の気持ちをないがしろにされたようで心が傷つく」。そんな「心の危険」から身を守りたい。

そして、「不安だった気持ちをわかってほしい」「心を傷つけないようにしてほしい」という気持ちが「心のコップ」から溢れて、怒りという「第二次感情」に変わったのです。

「心のコップ」は、人によって大きさが違います。小さくてすぐ一杯になる人もいれば、大きくてなかなか一杯にならない人もいます。しかし、後者でも、溜めておく一方だと、いつか溢れてしまいます。

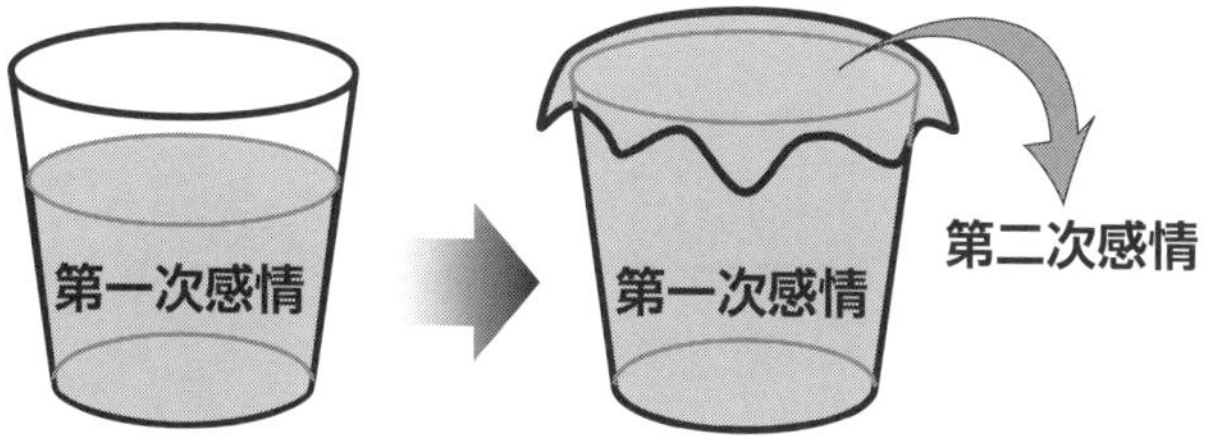

ストレスが溜まりやすい環境で働いていると、「心のコップ」に「第一次感情」が溜まっていき、ちょっとしたことでも怒りやすくなります。

心に余裕があれば許せることも、余裕がないと許せません。許せずに、人に怒りをぶつけることにより相手とトラブルになる。冷静さを欠いた決定、言動がよくない結果を生む。あるいは、怒りを我慢して、さらにストレスが溜まるなど、悪循環に陥ります。

アンガーマネジメントでは、「心のコップ」に「第一次感情」が一杯溜まってしまう前に解消する（コップの水を捨てる）ことと、溢れる前に気持ちを伝えることを勧めています。

疲れていたり、体調が悪かったりするときは休みをとり、つらいことや嫌なことは、趣味や楽しいことで忘れるように心がけましょう。最近イライラしやすいと感じたら、心身のアラームが鳴っていると考えて、悪化する前にぜひ対処してください。

そして、溢れる前に気持ちを伝えます。先の待ち合わせの例だと、「不安」だったことや、要望を伝えます。

たとえば、「心配だったんだよ、待ち合わせの時間に来ないから、どうしたのかと思って」「今度から、遅れるときは連絡してね」という具合に。

相手に「私はこう感じた。こう思った」「私はこうしてほしい」と**「I（私）メッセージ」**で伝えます。

「あなたが遅れるのが悪い」「あなたが連絡しないのが悪い」「すぐに謝らないのは、間違っている」と、**「You（あなた）メッセージ」**で非難すると、相手が受け入れにくく、気持ちが伝わりにくくなります。


相手に自分の気持ちを伝えることとは、日本人、とくに大人は慣れておらず、難しいという人も少なくありません。

気持ちを言葉として表に出さずに飲み込んでしまう。あるいは、察してくれるように遠回しに言う、咳払いをする、独り言をつぶやくなどしますが、うまく伝わらなかったりします。

気持ちが溜まっていき、あるとき、爆発してしまうと、いわゆる「キレる」状態になります。キレて、「Ｙｏｕメッセージ」をぶつけてしまいがちです。

そうならないように、「Ｉメッセージ」で、小出しに伝えるようにしてください。

「べき」が守られないと腹が立つ

怒りは、自分を守ろうとする「防衛感情」であり、「第一次感情」が形を変えたものです。

守ろうとしているものは、自分が大切にしているもので、**「べき」**と言い換えることができます。

すなわち、自分が「こうあるべき」「こうすべき」と信じていることが、そうなっていないと、ネガティブな気持ちである「第一次感情」が溜まり、溢れて「怒り」になります。

たとえば、マナーはこうあるべき、約束はこう守るべき。

社会人はこうあるべき、会社、社員、上司、部下はこうあるべき。

男性、女性、親、子供、年長者、若者はこうあるべき……など。

自分が、「当然、こうあるべき」「こうすべき」と、強く信じていることを、誰かがやらない、守らない、無視したと思ったとき、私たちは、ネガティブな気持ちになり、怒りにつながります。

自分自身に対しても、自分が「こうあるべき」と思ったようにできなかったとき、自分に対して怒りを感じます。

私たちは、怒っているとき、よく「信じられない」「理解できない」「納得できない」などと言いますが、それは、当然守られるはずの「べき」が守られていないことに対する不快感の表われです。

「べき」という、自分が信じている「常識」、あるいは、こうあってほしい「理想」や「期待」に対して、それらが守られていないという「現実」との「ギャップ」に対して、怒りが生まれます。

この「現実」は、正確に言えば、あくまでも、

怒る理由

怒っている本人がそう捉えた現実であり、他の人にとっては、違っているかもしれません。けれども、そう捉えたことに対して怒っているのです。

そもそも、「べき」は、人によって違います。

生まれ育ってきた環境、人生経験が一人ひとり違うように、そこで形作られてきた「べき」も違います。

しかしながら、私たちは、怒っているとき、そのことを忘れています。

怒っている人は、自分が正しく、そうしない相手が間違っていると思っています。

さらに、身近な人、親しい人に対しては、「当然」「常識」とまではいかなくても、自分の「期待」に応えてくれない、わかってくれないことに対して、裏切られた思いがして、腹が立つのです。

「私が粗末に扱われた。存在を無視された」「私の気持ちを踏みにじられた」「私の時間、労力、お金が無駄になった」と感じ、怒りが増すのです。

自分がどんな「べき」をもっているか、知っておくと、自分の怒りの傾向がわかります。

そのためには、怒ったときに、それを記録しておく**「アンガーログ」**をつけるとよいでしょう。

アンガーログは、腹が立ったとき、その場で、その場が難しければなるべく早く、忘れないうちに、手帳やスマートフォンに記録します。

記録する内容は、「日時」「場所」「何があったか（事実）」「思ったこと」「怒りの強さ（1～10。10が人生最大の怒り）」です。

たとえば、「日時：12／1　16時頃」「場所：オフィス」「何があったか：田中君が外出先から戻ってきたので、お疲れ様と言ったが無言だった」「思ったこと：返事（挨拶）しなさいよ」「怒りの強さ：4」のように書きます。書いているときに、分析や反省はしません。

アンガーログをしばらく続けると、自分の「べき」と、怒りの傾向がわかります。この例の場合、「返事（挨拶）すべき」という「べき」があり、それが守られないと腹が立つという傾向がわかります。

傾向がわかれば、対策が立てられ、不要な怒りが避けられます。

イラッとしたときの3つのポイント

腹が立ったとき、どうすればよいのか?

アンガーマネジメントでは、次の3つのステップで対処します。

いわば、これだけ覚えておいて実行すればよい、イラッとしたときの3つのポイントです。1、2、3の順番に実行します。

1　衝動のコントロール

カッとなったときに、最悪の事態になることを防ぎます。

2　思考のコントロール

少し落ち着いたら、許容可能かどうか問います。

3　行動のコントロール

2で、許容できない範囲の場合、行動を決めます。

1　6秒待つ……衝動のコントロール

カッとなったら、**「6秒待つ」**というのが、最初のポイントです。

怒りスイッチがカチッと入ってから、長くて6秒が、怒りのピークと言われています。そのあいだは、何も言わず、何もせず、6秒待ちます。

この6秒のあいだに、ものを言ったり、行動を起こしたりすると、暴言・暴力になりやすく、後悔する事態になりやすいからです。

6秒待って、腹立たしい気持ちはおさまっていなくても、ピークのときよりも冷静になっています。

ピークのときは、**「臨戦態勢」**になっていて、相手を傷つけたり、物を壊したりしやすい状態です。

自分がカッとして言ったことに対して、相手もカッとして言い返す言葉は、「売り言葉に買い言葉」、暴言の応酬になりがちです。

怒りから、殴る・蹴るの暴力につながることも少なくありません。

後悔しないよう、冷静さを取り戻すために、6秒待ってください。
6秒待つためにすることは、たとえば次のようなことが挙げられます。

・怒っていることを、手のひらに指で書いてみる。
・数を数える。
・深呼吸をする。
怒ったとき、怒鳴りやすい人は、怒鳴り声のかわりに、まず息を大きく吐きましょう。
・別のものに視線を移し、気をそらす。
・落ち着く言葉を心の中で唱える。
「短気は損気」「大丈夫」「想定範囲内」「私は優秀なリーダー」など。

怒りのピークのときは、臨戦態勢になっているため、体のあちこちに力が入り、心拍数が上昇し、呼吸が浅くなっています。
体の力を抜き、リラックスして、心を落ち着け、冷静さを取り戻します。

2 三重丸で考える……思考のコントロール

私たちが怒る理由は、自分が信じている「べき」が守られていない、裏切られたと感じるからです。

この「べき」は、下の図のように、**「三重丸」**で考えられます。

真ん中の「1」は、自分の「べき」と同じ、理想どおり、期待どおりの状態です。

たとえば、待ち合わせで、自分が「10分前には来るべき」と思っていたとして、相手も10分前に来ている状態です。

「2」は、理想とは少し違いますが、許容可能な範囲です。

先ほどの待ち合わせで、相手が5分前に来たとき

三重丸

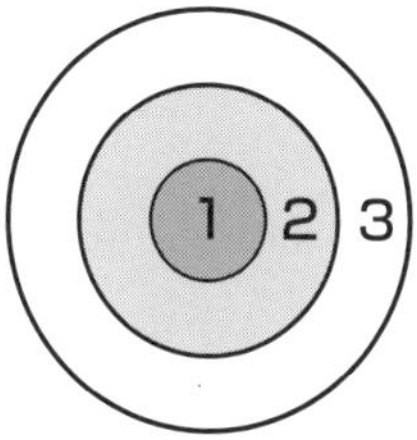

1 自分と同じ
2 少し違うが許容可能
3 自分と違う許容できない

に、「時間前には来たので、まあいいか」と思える場合です。ここまでは、怒りにつながりません。

「3」は、自分と違う許容できない状態で、怒りにつながります。

待ち合わせの時間が過ぎてから相手が来たことに、腹を立てる場合です。

「2」の「少し違うが許容可能」な範囲は、そのときの心の状態によって、広がったり狭まったりします。心に余裕があり、機嫌がよいときは広がり、余裕がなく、機嫌が悪いときは狭まります。

待ち合わせに、相手が遅れて来ても許せるときと、遅れたわけでもないのに「待たせられた」と腹立たしく感じるときがあります。

「2」は、自分の人生にとってどうでもよいことは、「そういうこともある」「そういう人もいる」と、広げたほうが穏やかに過ごせます。

また、重要なことや仕事に関することは、「2」の位置を一定にして、相手にわかるよう、示すことが大切です。

仕事で、気分によって怒ったり怒らなかったりすると説得力がありませんし、相手によって態度を変えると、「自分だけが怒られた」と、パワハラと見なされやすくなります。

それぞれの人の「べき」は、家庭、学校、会社、組織などで作られ、時代、国、地域、宗教、業界などによっても異なります。

そのため、違う会社、業界に転職したり、違う地域に行ったりすると、これまで慣れ親しんできた「べき」が「常識」「当然」ではなくなることが多々あります。

「べき」は、その人らしさ、個性でもあり、なくす必要もなければ、なくすこともできません。

自分にとって自分の「べき」が大切なように、相手にとっては相手の「べき」が大切であることを認め、**お互いの「べき」を必要に応じて摺り合わせる**ことで人間関係がうまく運びます。

3　変えられるか、重要か……行動のコントロール

さて、「三重丸」で「3」になったとき、すなわち、許容できない場合、行動を決めます。

左の**「分かれ道」**の図のように、2つの軸、「重要」かどうか、その状況を「変えられる（コントロール可能）」かどうか、4つのケースに分けて考えます。

「重要」か、「変えられる」かの判断には、正解があるわけではありません。あくまでも自分がそう思うかどうかで行ないます。

まず、左上、重要で変えられる（コントロール可能な）場合、**今すぐ変えるよう努力**します。

状況がいつまでにどの程度変わったら気が済むかを決めて、それを実現するための行動を決めます。たとえば、自分の机が散らかっていて、物を探すのに時間がかかり、イライラする場合、片づけるよう努力します。

次に、左下、重要でないけれども変えられる（コントロール可能な）場合、**余力のあるときに変える**ようにし、今考えなくてもよいです。

やはり、状況がいつまでにどの程度変わったら気が済むかを決めて、それを実現するための行動を決めます。

先ほどの机が散らかっているのが、重要でない場合、余力があるときに片づけるようにします。

これら左側の2つは、変えられるので、変えれば怒りにはつながりません。

左側でありがちなのが、人に「以心伝心」を期待し、「こうしてほしい」と伝えないでいて、「やってくれない」と腹立たしく感じるケースです。

とくに親しい人、身近な人に対しては、その傾向

分かれ道

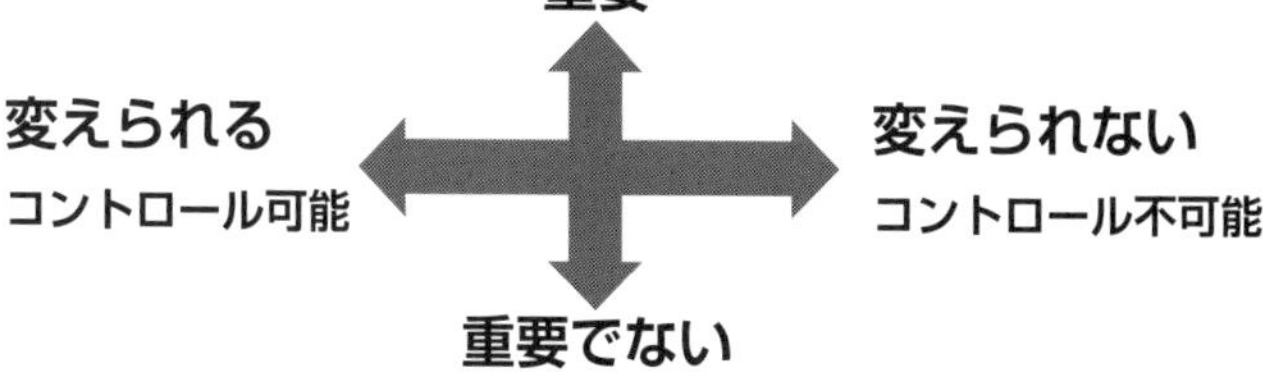

があります。

相手に伝えれば、応えてくれそうな場合は、ぜひそうしてください。

次に、右上、重要だけど変えられない（コントロール不可能な）場合、**変えられない現実を受け入れる**と同時に、**今できる行動を探してください**。

たとえば、乗る予定のバスが信号を待っているあいだに行ってしまった。いくら悔しくても、信号やバスに腹を立てても、行ってしまったバスに乗ることはできません。

目的を思い出し、状況を確認して、今できる行動を探します。

目的が待ち合わせだとして、次のバスでも間に合うかどうか、また、相手に連絡を入れれば、遅れても大丈夫かどうか、状況を確認します。

その結果、次のバスに乗るのか、タクシーに乗るのか、相手に連絡するかどうかを判断し、行動に移します。

最後に、右下、重要でなく変えられない（コントロール不可能な）場合、**放っておきます**。

たとえば、テレビを視ていて、芸能人の発言にイラッとしたような場合です。

右下は、放置する努力をするうちに、三重丸の「2」（許容可能な範囲）に入るようになります。芸能人の発言に対して「そういう人もいる」と思えるようになります。

右側、とくに右上でありがちなのが、人に何度も言っているのに、相手が改善しないというケースです。

仕事の場合、まず、自分の管轄かどうかです。自分が上司で、相手が部下ならば、相手に改善してもらう必要があります。他部署の人なら、その上司に相談したほうがよいでしょう。

自分の部下で、何度も注意しているのに改善しない場合、考えられるのは、次の4つです。

・言われていることをよく理解していない。
・改善の方法がわからない。
・改善する能力が足りない。
・やる気がない。

「言われていることをよく理解していない」場合は、相手が理解できるように伝えることが必要です。

「改善の方法がわからない」場合は、方法を教えるか、ヒントを与えて考えてもらうようにします。

「改善する能力が足りない」場合、能力をつけてもらうことが必要です。その方法を考え、努力してもらいましょう。また、能力がつくあいだ、誰かに手伝ってもらうなどのサポートを行ないます。

「やる気がない」場合、やる気を出してもらうしかありません。

このような場合、部下は、その仕事が重要ではなく、雑用を押し付けられている、やらされていると思っていることが少なくありません。

じつは、重要で価値ある仕事であり、能力を発揮してほしいと思っている、期待しているということを伝えるとよいでしょう。

CHAPTER 3

怒る側と怒られる側のギャップ

怒る側と怒られる側では、「べき」に対する捉え方が異なる

アンガーマネジメントでは、怒ることは、悪いことと捉えていませんが、人を怒る場合、上手に怒らないと、うまく伝わりません。

怒る場合、その前提として、怒る側と怒られる側では、怒り、すなわち、怒っていることと、怒られていることに対する捉え方が違うことを、頭においておいたほうがよいでしょう。

怒っている側は、基本的に、自分が正しくて相手が間違っていると思っています。自分の「べき」を守るよう、自分の「理想」「期待」に応えるよう、相手に求めています。

しかし、怒られている側は、必ずしも、相手が正しくて自分が間違っているとか、相手の「べき」を守り、相手の「理想」「期待」に応えなければいけないと思っているわけではありません。

怒られている側は、言われていることに、**納得できれば従いますが、納得できなければ従いません。**相手が部下や後輩など、下の立場の場合、表面的には従っているように見えても、心の中で、納得していないこともあります。

基本的には、皆、自分の「べき」が正しいと思っています。「三重丸」で「2」なら従っても、「3」なら従いません。

そこで、組織や社会では、共通の「べき」が決められています。いわゆる「決まりごと」「ルール」です。法律などの強制力をもつものから、学校、会社、組織の規則、スポーツのルール、社会通念、慣習と言われるものまであります。

契約書を交わしたり、マニュアルが設けられたり、組織のルールに則った教育、研修が行なわれたりします。

怒る側、とくに仕事で部下を怒る立場である上司、先輩、指導する役目の人は、先に、会社・組織、あるいは部署の決まりごと、ルールを、メンバーに伝え、理解してもらっておくことが必要です。

さらに、怒るときは、どう伝えれば相手が納得しやすいか、考えて怒るとよいでしょう。

仕事で怒った・怒られた影響

怒る側と、怒られる側では、怒った・怒られた影響も異なっています。

日本アンガーマネジメント協会の調査（２０１６年）によれば、怒った・怒られた感情の継続期間は、下表のようになっています。

怒った側（上司・先輩）は、「ほんの一瞬」から「終日程度」まで、１日以内が90・５％です。

それに対して、怒られた側（部下・後輩）は、「１日」が15・６％で、「１年以上」が20・３％にも上ります。

感情の継続時間

上司・先輩	
ほんの一瞬	18.2%
数分程度	44.3%
数十分程度	14.3%
1時間〜終日程度	13.7%
2日以上、2、3週間程度	4.8%
1か月以上	4.8%

部下・後輩	
1日	15.6%
2〜3日	18.5%
1週間程度	15.9%
2週間〜1か月程度	13.1%
2か月〜1年程度	16.6%
1年以上	20.3%

また、同調査によれば、業務への影響（複数回答・上位3つ）は、下表の結果で、怒られた側の一番は、「モチベーションが低下した」の40・6％。

これに対して、怒った側は、「どのような状態にもならなかった」が一番で、58・7％となっています。

怒られた側は、比較的、感情も継続し、業務への悪影響も見られますが、怒った側に、そのような意識はそれほど感じられず、ギャップがあります。

業務への影響

上司・先輩		部下・後輩	
どのような状態にもならなかった	58.7%	モチベーションが低下した	40.6%
あなたを避けるようになった	13.9%	相手を避けるようになった	25.7%
仕事のモチベーションが下がった	6.3%	精神的に不安定になった	23.2%

上司にパワハラの認識はない

さらに、同調査によれば、怒る側と、怒られる側で、パワハラと感じる割合も異なっています。

下表のように、怒った側は66・3％がパワハラとは感じていないのに対して、怒られた側は逆転して53・8％がパワハラと感じています。

怒られた側が、パワハラと感じた理由としては、「怒鳴るなど感情的になった」「他の社員がいる前で叱責した」「きつい口調・文章だった」などを挙げています。

そもそもパワハラとは

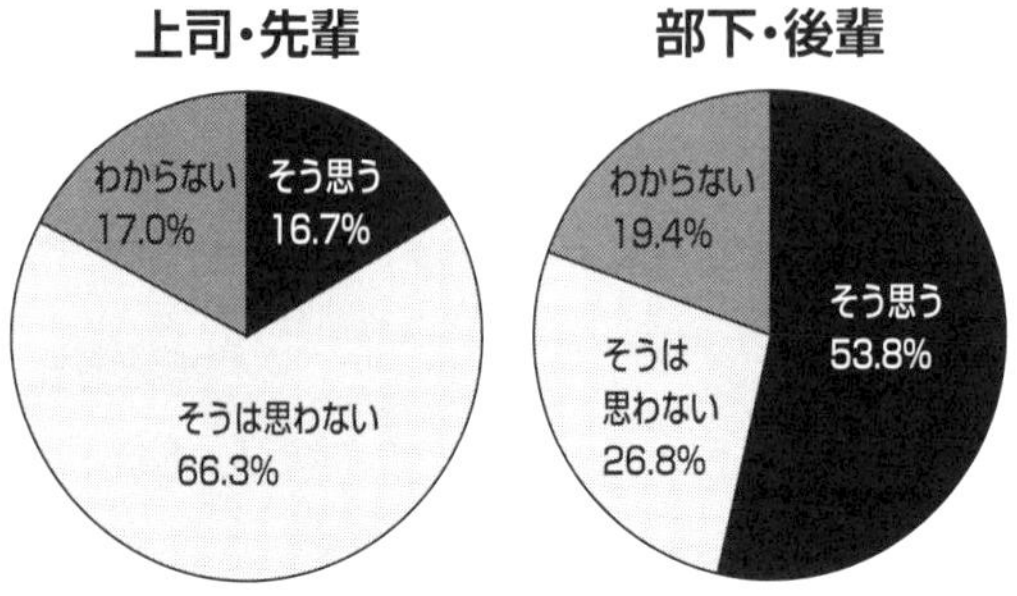

そもそも職場のパワハラ（パワーハラスメント）の定義は、厚生労働省によれば、「同じ職場で働く者に対して、職務上の地位や人間関係などの職場内での優位性を背景に、業務の適正な範囲を超えて、精神的・身体的苦痛を与える又は職場環境を悪化させる行為」となっています。

また、「パワハラの6類型」として、次の6つが挙げられています。

①身体的な攻撃（暴行・傷害）
②精神的な攻撃（脅迫・名誉棄損・侮辱・ひどい暴言）
③人間関係からの切り離し（隔離・仲間外し・無視）
④過大な要求（業務上明らかに不要なことや遂行不可能なことの強制、仕事の妨害）
⑤過小な要求（業務上の合理性なく、能力や経験とかけ離れた程度の低い仕事を命じることや仕事を与えないこと）
⑥個の侵害（私的なことに過度に立ち入ること）

このうち、②精神的な攻撃として、次のような例が紹介されています。

・みんなの前で、大声で叱責
・ミスをみんなの前で、大声で言われる
・人格を否定されるようなことを言われる
・「やめてしまえ」などの社員としての地位を脅かす言葉
・「おまえは小学生並みだな」「無能」などの侮辱、名誉棄損に当たる言葉
・「バカ」「アホ」といったひどい暴言
・ケンカ腰、感情的な態度
・嫌悪感や否定的な発言により、心理的に追い込む
・職場での役割や存在まで否定する

怒る側にはそういう意識がなくても、他の社員の前で怒ったり、「暴言」と判断される言葉を使ったりすると、パワハラと見なされます。

CHAPTER 4

上手な叱り方をマスターする

「パワハラ」と感じられないための上手な叱り方

厚生労働省の「職場のパワーハラスメントに関する実態調査」（２０１６年度調査・２０１７年発表）によれば、従業員向けの相談窓口を設置している企業で、一番多い相談は「パワーハラスメント」に関するもので、32・４％。

また、従業員で「過去3年間にパワーハラスメントを受けたことがある」と回答した人の割合は、２０１２年度の調査では、25・３％だったのが、２０１６年度の調査では、32・５％に増加しています。

パワハラを受けたことがあるという認識の人が、従業員の３人に１人となり、窓口での相談もトップとなっている今、管理職など上司の立場の人は、上手に怒る・叱ることをマスターする必要があります。

さて、「怒る」と「叱る」の違いですが、「叱る」は、国語的には「目下の者の言動のよくない点などを指摘して、強くとがめる」という意味です。

目上の者が目下の者を怒る、すなわち、上司が部下を、先生が生徒を、親が子供を怒るということです。

世の中で言われているような「相手のことを考えて怒る」とか、「愛情がある」という意味は含まれていません。

仮に、叱っている側が、相手のことを考えて怒っていても、愛情があっても、先に書いたように、叱られている側は、納得できないと従いませんし、相手の部下・後輩に、「パワハラ」と捉えられてしまうことはあります。

とくに、上司と部下に世代間ギャップがある場合、上司にとっては「指導」のつもりでも、部下にとっては「パワハラ」と感じられてしまうことは少なくありません。

逆に、部下に腹が立つことがあっても、「パワハラ」と思われることを恐れて、怒ることができない、指導の仕方がわからないという上司もいます。

いったい、どのように怒れば、相手に上手く伝わり、納得してもらえるのでしょうか？

上司は何のために叱るのか？

上司・先輩は、部下・後輩に対して、そもそも何のために叱る必要があるのでしょうか？

人が怒る理由は、下の図のように、こうあるべきという「理想」、こうあってほしいという「期待」に対して、そうなっていない「現実」との「ギャップ」に、怒りが生まれるからです。

怒る必要があると判断した場合、この「ギャップ」を**「リクエスト」**の形で、「こうしてほしい」と相手に伝えます。これが一番目に行なうことです。

怒る理由

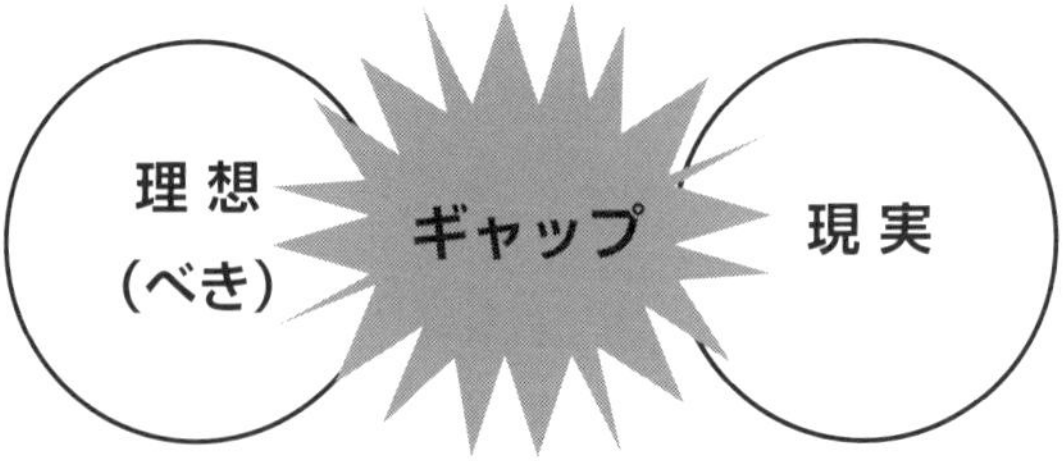

さらに、二番目に**「私の気持ち」**を伝えます。あくまでも、「リクエスト」が主体で、「私の気持ち」は、その次です。

そもそも、上司・先輩が、部下・後輩に、自分の「理想」「期待」を伝え、コミットメント(実行を約束)してもらっていたかどうかというと、そうでない場合が少なくありません。

「それくらい言わなくてもわかるはず」と、「以心伝心」を期待し、期待外れになって勝手に怒っているケースが多々あります。

上手な怒り方

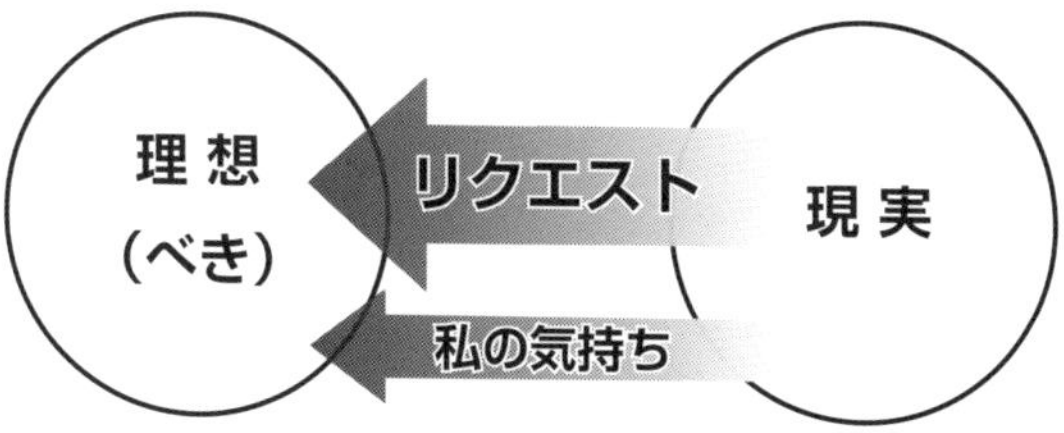

上手に叱るポイント

叱る目的は、相手に、どうしてほしいかわかってもらうことですが、その際、次のようなポイントをおさえておくとよいでしょう。

・相手の気持ちに配慮する
・必要に応じて理由・問題点も伝える
・なるべく具体的に伝える

たとえ正論であったとしても、相手が受け入れにくいような言い方をすれば、拒否されてしまいます。33ページでも説明したように、**「I（私）メッセージ」**で、「私はこうしてほしい」「私はこう感じている」と相手に対する「期待」や「信頼」を伝えます。

「You（あなた）メッセージ」で、「君はなぜこうしないのだ」「お前は間違っている」と相手を否定、非難すれば、相手は「リクエスト」を受け入れにくくなります。

なぜそうしてほしいのかという理由、どこがよくないのかという問題点は、必要に応じ、簡潔に伝えましょう。

理由・問題点は、相手に納得してもらうために、説明が必要な場合もありますが、これをくどくど言うと、相手は責められている、もしくは、面倒くさく感じ、モチベーションが下がってしまうことが少なくありません。

こうしてほしいという「リクエスト」は、数字や、客観的、具体的な表現で、伝えましょう。

「少し早めに来て」「多めに用意して」「もっとちゃんとして」「社会人らしく」「ふさわしい格好で」「きれいに片づけて」などの表現は、言っている人と聞いている人で、イメージが異なります。

「9時50分までに来て」「2個余分に、合計13個用意して」「お客さまをお迎えするときは、背筋を伸ばして、にこやかな表情でお願いします」「明日の服装は、黒か紺色のスーツで、インナーは白いシャツを着て来て。靴は黒で……」「使ったタオルは、全部このボックスに入れるようにしてください。この台は、この台拭きでこのように拭いてから……」など、より伝わりやすい言い方で伝えましょう。

怒る・叱ることの目的は、相手への「リクエスト」、こうしてほしいという要望だと認識すれば、声を荒げたり、怒鳴ったりする必要がないことがわかるでしょう。

同時に、怒ることへの苦手意識や、パワハラと思われるのではないかという恐れも少なくなるはずです。

上司・先輩が、「このようにしてほしい」という、具体的な指示を出せば、部下・後輩は、仕事がしやすくなり、成果も生まれやすくなります。

部下・後輩にとって、上司・先輩が何を期待しているのかわからない、それでいて、「期待に応えない」と責められるのはつらいものです。

管理職は、部下を叱る前に、そもそも自分の指示の仕方は的確だったのかどうか、振り返って考えてみたほうがよいと思います。

たとえば、次のような指示を出したとします。

「今週末の午前中に、横浜物産と打ち合わせをするから、駅前の場所をおさえておいて」

指示している側はもちろん一定のイメージをもって伝えています。

しかし、指示される部下はそれがわかりません。

今週末とは何曜日？　午前中とは何時から何時？　横浜物産はどんな会社？　何の打ち合わせ？　参加人数は？　どこの駅前？　おさえるのは、会議室？　喫茶店などオープンスペースでも可？　駐車場は必要？　いつも使っている場所がある？　予算は？　支払いは？　経費を立て替えておく？　会議室の場合、お茶などの準備は？　など、たくさんの疑問が湧いてきます。

これら不明点を、部下が上司に確認できればよいのですが、部下も思い込みで動き、あるいは、上司に聞けずに、叱られる結果になる恐れがあります。

上司にとっては、伝えたつもりでも、部下にとっては、的確な指示にはなっていない場合もあるので注意しましょう。

悪い叱り方・NGワード

パワハラで問題になるケースに、**「人前で叱る」**というのがあります。

叱っている側は、「皆に理解してほしいから」「皆の注意を促すために」そうしていると言います。

けれども、叱られている側は、さらし者のようになり、プライドを傷つけられることが少なくありません。

叱る場合は個別に叱り、皆への注意は、改めて、名前を出さずに伝えるようにしたほうがよいでしょう。

同様に、パワハラで問題になるケースに、**「人格を否定する」**言い方があります。

行動、結果に対しては怒ってもよいのですが、能力、人格に対して怒ることは問題になります。

厚生労働省の参考資料によれば、取引先のアポイント時間を間違えて遅刻した部下に、「何やってんだ」と叱るのは問題ありませんが、「噂どおり役立たずだな」という言い方は、パワハラになります。

さらに、**「機嫌で叱る」「ただ感情をぶつける」**ことも、相手にとって受け入れにくい、悪い叱り方です。

「機嫌」ではなく**「ルールで叱る」**、落ち着いて、冷静に、リクエストを出すようにしてください。

そして、次のような「NGワード」は、使わないようにしましょう。

「過去にさかのぼる言葉」　前から言っているけど、何度も言っているけど
「責める言葉」　なぜ？　どうして？（質問はしていない）
「強い表現」　いつも　絶対　必ず
「程度言葉」　しっかり　ちゃんと　普通

言われている側は、いずれも責められている、否定、非難されているように感じて、傷つき、反発しやすくなります。

とくに、上司が、自分は怒鳴っているわけではなく、冷静に話しているからパワハラではない、問題ないと思っている場合で、NGワードを使って相手を追い詰めていることがよくあります。

「なぜ?」「どうして?」は、上司は、ただ質問しているだけで、責めてはいないという認識でも、部下やまわりの人からすると、責めている、逃げ場のない言い方に聞こえるケースが多々あります。

CHAPTER 5

男性社員と女性社員では、怒りのツボが違う？

男性は「能力」を否定されると腹が立つ

怒りのツボ、そこに触れられるとカチンとくるポイント、怒りスイッチは、人によって違いますが、男性と女性でも違います。

男性だからこう、女性だからこうと、決まっているわけではなく、これまで男女それぞれに求められてきた役割や、置かれてきた環境から、男性に多い傾向、女性に多い傾向があります。

それぞれの傾向を知っておけば、会社・組織でも理解が深まり、仕事がスムーズに進むはずです。

まず、多くの男性にとってもっとも重要なことは、**自分の「能力」を証明すること**です。

男性は、自分の能力を発揮することで、人の役に立ち、評価・称賛されたいと思っています。

そのためには、**「自力で」**成し遂げないと意味がありません。何か問題が発生した場合も、基本的には**「一人で解決」**したいと思っています。男性は、誰の能力が高く、誰が自分より上か下か、上下、力関係、縦が気になります。

そんな男性にとって、怒りのツボになるのは、**自分の「能力」を否定されたり、「自力」での達成を阻害されたりすること**です。

男性は、相手が自分の能力を認めていない、信用していないと感じると、腹立たしい気持ちになります。

「大丈夫？」と、しょっちゅう聞かれ、「いちいち」「わざわざ」報告することを強要されるのは、任されていないようで、腹立たしく感じられます。

また、他部署や自分の仕事とは関係ない人から、「こうしたほうがよい」と言われるのは、アドバイスではなく、**余計なお世話だ**と感じます。

「あなたに命令される筋合いはない」と、露骨に怒ることもあります。

さらに、頼んでもいないことを、勝手に手伝われるのは、自分の領域を侵害された気がして迷惑に感じますし、侮辱された気にもなります。

女性はちゃんと聞かない・伝えないと腹が立つ

多くの女性にとってもっとも重要なことは、**親しい人と「共感」し合うこと**です。女性は、共感し合うことで、心を満足、安定させます。

そのため、何か行なう場合、**「一緒に」**成し遂げたいと思っています。また、問題が発生した場合は、先に**「共に」**分かち合い、それから解決したいと思っています。女性は、誰と分かち合えるのか、心のつながり、横が気になります。

そんな女性にとって、怒りのツボになるのは、**共感してくれない、わかってくれないと感じるとき**です。

女性は、相手が自分の話を**「ちゃんと」**聞いていない、伝えないと感じると、つながっていない、つながることを拒否されたと感じ、腹立たしい気持ちになります。

女性の求める「ちゃんと聞いている」状態は、親身になって、共感しながら聞くという意味です。

「私もそう思う」「なるほど、それは大変だったね」などの、賛同や労いの言葉を求めていたりします。

また、「ちゃんと伝える」状態として、直接の関係者なら、他の人よりも先に知らせる、直接の関係者ではなくても、間接的に関係する場合、早めに耳に入れてくれることを期待します。

仕事でも、自分だけ聞いていなかった、知らなかった、後から聞いたという場合、大切に扱われていない、無視された、仲間外れにされたように感じます。

一度伝えても、その後も繰り返し伝える。頻度、反復、継続が大事です。

男性が、何か変更があるときだけ教えてほしいと思っているのに対して、女性は、変更がない場合も「変更はありません」と教えてほしいと思っています。

さらに、女性にとっては、**いちいち頼まれなくても、気持ちを察し、協力し合う、助け合うこと**が大事です。

女性の場合、男性と違って、他部署や違う立場など、横からのアドバイスや手伝いも歓迎します。むしろ、察してくれない、言わないと助けないことに対して、腹立たしさを感じます。

男性は「情報共有」を心がけよう

男女それぞれの「怒りのツボ」をまとめると、左の表のようになります。

男性が「自力」での「能力の証明」を重視する傾向に対して、女性は「協力」「共感」を重視する傾向にあります。


男性が女性に対して心がけるとよいことは、**「情報共有」**です。

直接の関係者にはもちろん、間接的な関係者にも、なるべく早い段階から、逐次、情報共有したほうがよいでしょう。

男性にとっては、「いちいち」「わざわざ」伝えることを強要され、自分が管理されているように感じるかもしれませんが、決してそうではありません。

女性は、継続的に情報が入ってくることで安心し、仲間意識がもてます。

そして、チーム、組織の一員として頑張ろうという気になります。

さらに、女性には、何か困っていないか、協力してほしいことはないか、声をかけ、快く手伝う姿勢を示し、実際に手伝うとよいでしょう。

ただ話を聞いてあげること、相手の話を遮らず、最後まで共感して聞くことも大切です。

男性は「自分の能力で問題を解決してあげたい」と思いながら話を聞き、「自分はいったい何を求められているのか？　何をすればよいのかわからない」とイライラすることもあると思います。

しかし、女性は、とくに何らかの「問題解決」を求めているわけではなく、単に「共感」を求めている場合が多々あります。

怒りのツボ

男性	女性
能力を否定される	共感しない
自力での達成を阻害される	無視、仲間はずれ
いちいち、わざわざ	ちゃんと聞かない、伝えない
余計なお世話	気持ちを察しない
勝手に手伝われる	協力しない、助けない

女性は「任せること」を心がけよう

女性が男性に対して心がけるとよいことは、**「任せること」**です。

仕事を任せたら、おせっかい（アドバイス、手助け）をしない。

男性が一人で問題解決をしているときは、放っておく。

男性に、途中経過やたびたび伝えることを強要しないことです。

女性は、相手によかれと思って、たびたび「こうしたらいい」と言ったり、勝手に手伝ったりしがちですが、男性からすれば、自分の能力に不安があるのかとか、問題があるから変えようとしているのかと思われて、プライドを傷つけてしまいます。

また、相手が察してくれるのを待たず、必要なことは率直に伝えましょう。

「何もしてくれない」と、相手を責めずに、やってほしいことは、言葉で具体的にお願いしましょう。

CHAPTER 6

上司への怒り・部下への怒り

社会生活で満たされないと怒りにつながりやすい欲求……「承認欲求」

CHAPTER5（P69〜）では、男女の怒りのツボについて書きましたが、上司と部下でも、怒りのツボは違います。

中間管理職は、上司でもあり部下でもあります。上と下から挟まれ、つらい目に遭いますが、どちらの立場もわかるという側面もあります。

そこで、役員や上司に対して怒りを感じるときは、その人の部下の立場ではなく、同じ上司としての立場で、逆に、部下に対して怒りを感じるときは、上司の立場ではなく、同じ部下の立場で考えると、相手の気持ちを理解しやすいはずです。

さて、上司、部下を問わず、多くの人には、社会生活においてこれが満たされないと怒りにつながりやすいという「欲求」があります。

それは、何か？

自分のことを認めてほしい、尊重してほしいという**「承認欲求」**です。

マズローの欲求階層説では、「所属と愛の欲求」（社会に必要とされ、他者に受け入れられ、どこかに所属していたい欲求）の次に来る欲求です。

所属している場所、家庭、会社・組織、趣味のグループなどで、価値ある存在として認められ、尊重されたいという気持ちです。

「承認欲求」が満たされないとき、すなわち、他者から、認められていない、尊重されていないと感じるとき、多くの人が、ネガティブな気持ちになり、怒りにつながります。

上司が大切に思っていることと、そこから来る怒り……「立場が上」

「承認欲求」は、上司にも部下にもありますが、それぞれ、現われ方が異なります。

上司は、部下よりも**「立場が上」**であり、そのことを部下が認識しているべきだと思っています。

とくに上司が男性の場合、男性は、上下、力関係、縦を気にする人が多いため、自分が上であることを認めない相手には、怒りを感じます。

上司が女性の場合は、部下が自分の指示を無視する、話を聞かない、伝えない、協力しないと感じると、腹立たしさを感じます。

たとえ、部下が上司よりも仕事の専門能力が高くても、成果を出していても、年齢が上でも、キャリアを積んでいても、上司、とくに男性の上司は「自分のほうが立場は上だ」と思っていますし、それは事実です。

上司は、必ずしもプレイングマネジャー、すなわち、自ら現場の第一線で実務を担当し成果を上げる人でなくてもよいのです。管理職は、部下のマネジメントが一番の業務であり、それに特化してもよいわけです。

けれども、そう思わない部下もいます。

上司よりも専門能力が高い、あるいは、成果を出している、年上、キャリアを積んでいる部下、とくに男性の部下は、ともすれば、自分のほうが「実質的には上だ」と思っていることがあります。

さらに、上司が女性で、部下が男性の場合、部下が、「男性は女性よりも上であり、自分が上だ」と思っていることもあります。

それらの気持ちが、何かの折りに出て、上司を馬鹿にしたような態度になると、上司のプライドは傷つけられ、怒りの原因になります。

上司の怒りのツボは、上司として「立場が上」ということを認識しない言動で、プライドを傷つけられる、恥をかかせられる、部下が反抗的、自分に感謝しない、尊敬しないなどです。

部下が大切に思っていることと、そこから来る怒り……「評価・感謝・労い」

次に部下ですが、基本的に、部下は上司からの指示で仕事をしています。

その際、大切なのは、上司からの**「評価」**と**「感謝・労い」**です。

とくに男性の部下の場合、自分の働きで役に立ち、評価・称賛されたいと思っているため、評価が気になります。

上司との信頼関係がまだ構築されていない段階で、上司から、仕事に対するフィードバックが何もないと、部下は不安になりますし、自信も失います。

また、上司が評価をした場合でも、部下にとって納得のいく評価でなかったら、不満が生まれます。

それらの不安、不満が、怒りにつながります。

女性の部下の場合も、自分の働きで役に立ちたいと思っていますが、役に立っていることを実感するために、評価の前に、感謝・労いを求めています。

上司から、仕事に対する感謝・労いの言葉がまったくなく、仕事の仲間として大切にされている様子も感じられないと、部下は、自分の労力が無駄になったように感じ、失望します。

失望が積み重なると、怒りにつながります。

部下にとって「大変な仕事」であっても、上司にとっては「簡単な仕事」であるため、上司は部下に対して、ことさら評価したり、感謝・労いの言葉をかけたりしないことは多々あります。

逆に、部下への期待から、上司が勝手に高い基準を設け、「これだけ足りない」と言いがちなことは、CHAPTER1の「仕事ができる人にありがちなイライラ」（P20）で書いたとおりです。

部下の怒りのツボは、上司から、納得のいく「評価」をされない不満、「感謝・労い」の言葉をかけられない失望に加えて、上司と同様、プライドを傷つけられる、恥をかかせられるなどです。

上司への怒りを「イラッとしたときの3つのポイント」で解決する

上司への怒りの場合、自分の立場は部下のため、「承認欲求」では、自分への「評価」「感謝・労い」が足りないという気持ちがあります。

逆にこれらが満たされていると、そこまで怒りの気持ちは高まりません。

けれども、上司は、前提として、部下のあなたよりも「立場が上」だと思っています。さらに、部下が自分の指示どおりに仕事をするのは「当然」だと思っていて、ことさら評価したり、感謝・労いの言葉をかけたりしない人も少なくありません。

あなたも、自分の部下との関係で考えてみてもらうと、上司の気持ちを理解しやすいと思います。

さて、CHAPTER2で、イラッとしたときに、これだけ覚えておいて実行すればよい「イラッとしたときの3つのポイント」（P38〜）について説明しましたが、これに沿って、上司への怒りの対処法を考えてみましょう。

まず、「1　衝動のコントロール」。カッとなったら6秒待つですが、相手が上司の場合、部下のほとんどは、6秒待てていると思います。カッとなって上司に暴言を吐いたり、暴力を振るったりは、よほどのことがないとしないはずです。

次に、「2　思考のコントロール」。自分の人生にとってどうでもよいことは許容範囲に入れ、重要なことや仕事に関することは、相手にわかるよう、具体的に示すというものです。

相手が上司であっても、自分の人生にとってどうでもよいことはあります。まず、それは本当に**あなたの貴重な人生において重要かどうか**、考えてみてください。重要でないことに、あなたの貴重な時間を使うのはもったいないです。思い切って思考から切り捨てましょう。

重要なことなら、相手の上司と自分の「べき」が違うことを念頭に、上司に伝える必要があることは上手に伝え、摺り合わせが必要なら、摺り合わせをしてください。

上司に伝えることをせず、思考から切り捨てることもできず、怒りを部下や家族などにぶつけ、八つ当たりする人もいます。

怒りは、高いところから低いところへ流れる、すなわち、強い立場、上の立場から弱い立場、下の立場に向かう性質をもっています。ぶつけられた人から、さらに弱い立場、下の立場に流れ、連鎖していきます。

八つ当たりしても、抜本的な解決にはつながらないうえ、相手を傷つけたり、モチベーションを下げたりします。

しかしながら、八つ当たりと認めず、部下への「指導」、家族への「躾」と称して怒りをぶつけるケースもよくありますので、くれぐれもそうならないよう気をつけてください。

最後に、「3　行動のコントロール」。その状況を「変えられる」か「重要」かの組み合わせで行動を決めます。

変えられることとは、変えればよいのですが、多くの場合、右上、「重要だけど変えられない」ケースだと思います。

この場合にやることは、「変えられない現実を受け入れると同時に、今できる行動を探す」です。

何が変えられなくて、何が変えられるのか。

よく挙げられるのは、交流分析の提唱者として知られる、精神科医で心理学者、エリック・バーンの、次の言葉です。

「他人と過去は変えられないが、自分と未来は変えられる」

上司を変えることよりも、自分が変わること、自分ができることを考えたほうが、早く楽に解決します。

部下への怒りを「イラッとしたときの3つのポイント」で解決する

部下への怒りの場合、自分の立場は上司のため、「承認欲求」では、自分のほうが「立場が上」ということへの、相手の認識、配慮が足りないという気持ちがあります。

部下があなたに尊敬と感謝の気持ちをもって、指示に従い、黙々と働けばよいわけですが、そこまで理想どおりにはいきません。

こちらも、自分と上司との関係で考えてみてもらうと、部下の気持ちを理解しやすいと思います。

部下への怒りも「イラッとしたときの3つのポイント」に沿って考えてみましょう。

まず、**「1　衝動のコントロール」**。**カッとなったら6秒待つ**ですが、相手が部下の場合、6秒待たずにものを言っているケースは少なくありません。

なぜ、相手が上司のときは何も言わないのに、部下のときはすぐにものを言うのでしょう?

相手が部下の場合は、自分が優位であり、相手が自分に従うべきである、相手を思い通りに動かしたい、支配できると思っているからです。

これは、相手が部下や取引業者など、自分より下だと思っているとき、家庭では子供などに対しても同様です。

けれども、先に書いたように、相手が下の立場であっても本人が納得しないかぎり動きたくはないものです。それは、自分自身のことを考えるとわかるでしょう。

納得がいかないのに、相手に従うことは難しい。むしろ、自分を支配しようという力に対して、反発するのではないでしょうか。

それを思い出し、6秒待ち、冷静な状態で対応してください。

次に、**「2　思考のコントロール」。どうでもよいことは許容範囲に入れ、重要なことは相手にわかるよう具体的に示す**というものです。

こちらも、どうでもよいことなら、思考から切り捨て、重要なことなら、部下に上手に伝え、摺り合わせをしてください。

伝え方は、「リクエスト」を第一に、場合によっては「私の気持ち」も伝えてください。CHAPTER4「上手な叱り方をマスターする」（P57〜）を参考にしてください。

最後に、**「3　行動のコントロール」。その状況を「変えられる」か「重要」かの組み合わせで行動を決めます。**

部下に「以心伝心」を期待し、期待外れになっていないか、相手にわかるように伝えているかどうか、確認してください。

そして、何度も伝えているのに、改善されない場合は、部下が「言われていることをよく理解していない」のか、「改善の方法がわからない」のか、「改善する能力が足りない」のか、「やる気がない」のかを見極め、対応してください。その方法は、48ページを参考にしてください。

CHAPTER 7

相手と自分のタイプも考慮しよう

チャレンジングか、守りか、4つのタイプ

男女の違い、上司・部下という立場の違いに加えて、職場では、次のようなタイプの違いから、怒りにつながるケースもよくあります。

すなわち、新しいことにどんどんチャレンジするタイプか、逆に、これまでの伝統を守っていくタイプか、の違いです。

大きく4つのタイプに分けられます。

1　ファーストペンギンタイプ
新しいことに果敢にチャレンジするタイプ
傍目には、無謀と思われることもある

2　リーダータイプ（セカンドペンギンタイプ）
人を率い、目標に向かってチャレンジするタイプ

1のタイプよりも、長期的な視点で取り組む

3　マネジャータイプ
現状を改善し、安定的に回していくタイプ
秩序が乱れることを嫌う

4　リスクヘッジタイプ
リスクを回避し、徹底させ、伝統を守ろうとするタイプ
変化を好まない

どのタイプがよい、悪いということはありませんが、企業の成長ステージ（P97）における向き、不向きはあります。

タイプによって、仕事の進め方が大きく変わるため、直属の上司や会社の組織風土が、自分と同じタイプか、違うタイプかによって、仕事のやりやすさが変わります。
基本的に、同じタイプだと馬が合い、仕事がやりやすく、逆に、違うタイプだと馬が合わず、仕事がやりにくいという側面はあります。後者の場合、ストレスが溜まり、

怒りにつながりかねません。

けれども、相手のタイプを変えることはできませんし、自分のタイプを変える必要もありません。仕事の目的を確認し、自分ができること、変えられることに注力するしかありません。

その際、変えられることのひとつに、**別の枠組み、別の視点から捉え直す「リフレーミング」**があります。

たとえば、自分と馬が合わず、やりにくい相手に対して、自分がネガティブに捉えていることを、ポジティブな視点で捉え直してみます。

「頑固な上司」の場合、「こだわりを大切にしている上司」「一貫性のある上司」のように。

そう捉え直すのに抵抗があるかもしれませんが、あえて、いつもの自分の視点から離れ、俯瞰的な視点で、言葉遊びのように、言い換えてみましょう。

そして、相手から学べる点を挙げてみましょう。

この「リフレーミング」は、相手が上司の場合だけでなく、部下や、さまざまな仕事の関係者、そして、プライベートや、自分自身に対してもできます。

自分の視点、こだわりは大事ですが、意識的に、俯瞰的に眺めることにより、物事を多面的に考えられるようになり、「べき」の境界線が拡大します。

自分とは違うタイプの人と一緒に働くことのメリットとして、視点が変わり、視野が広がることがあります。それぞれ補完することもできます。

そもそも、自分とまったく同じ人間は存在しません。共通点や似ている部分もあれば、違う部分もあります。それぞれの「べき」も異なります。

アンガーマネジメントは、自分と他者の違い、個性を認め、上手にコミュニケーションをとっていくための考え方でもあります。

自分と人とのさまざまな違いを、ポジティブに捉え、建設的に対処するようにしてみてください。

1 ファーストペンギンタイプ

このタイプは、4つのタイプのうち、もっとも革新的でチャンレンジングです。ともすれば、無謀と見られることもあります。

「ファーストペンギン」とは、集団で行動するペンギンの群れの中から、天敵がいるかもしれない海へ、魚を求めて最初に飛びこむ1羽のペンギンのこと。転じて、その勇敢なペンギンのように、リスクを恐れず初めてのことに挑戦する姿を指します。

まったく何もない状態、0から1へと果敢に切り拓いていくファーストペンギンタイプですが、本人には「果敢に」という意識はあまりありません。むしろ、やりたいからやっている感じです。

このタイプの人は、シンプルに考え、シンプルに行動します。

人にも「やりたければ、やればいいじゃないか」という言い方をし、やりたいのにやらない人、やれない人のことが、よく理解できません。

企業の成長ステージでは、創業期に必要とされる人で、新規事業担当者にも向いています。

安定期においては、自分勝手な人、秩序を乱す人と見なされて、疎まれることもあります。また、このタイプが上司の場合、「思いつきで仕事を振ってくる役員（P106）」という怒りにつながります。

私が働いていた会社は、急成長ベンチャー企業だったので、この「ファーストペンギンタイプ」と、次の「リーダータイプ（セカンドペンギンタイプ）」ばかりでした。

私も「ファーストペンギンタイプ」なので、仕事がたいへんやりやすかったです。

ただし、世の中の主流、とくに大企業は、こういう人たちではなく、「マネジャータイプ」なので、その人たちからすると、無謀、無茶、軽薄と思われやすくもあります。一緒に仕事を進めていく場合、お互いイライラすることにもなりかねません。

企業の成長ステージ

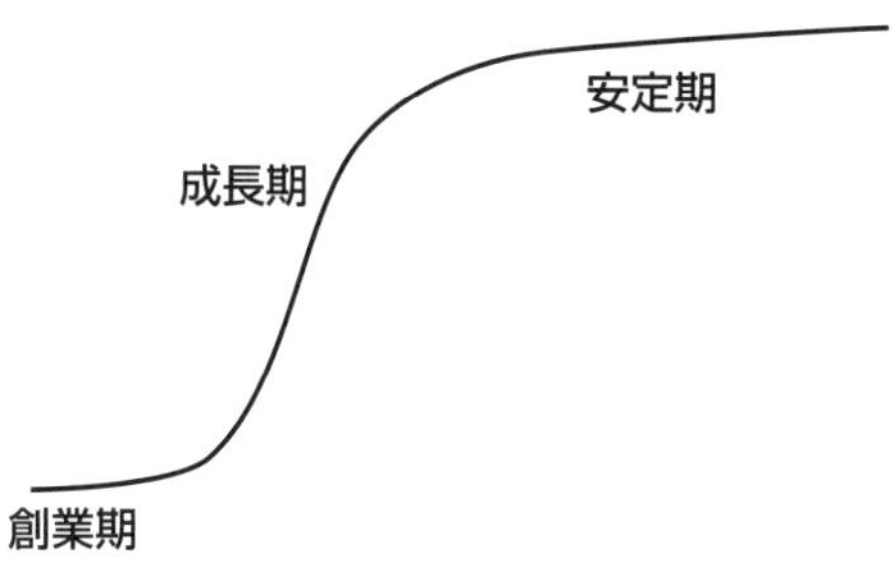

2　リーダータイプ（セカンドペンギンタイプ）

このタイプも、前向きでチャレンジングであり、変革を求めます。

１のタイプの人よりも、長期的な視点で考え、人を巻き込み、チームを作り、率いて、進めていきます。

１から10、１００へと、拡大・成長させていく、リーダータイプです。

企業の成長ステージでは、成長期に向いています。

持ち前の強い精神力、決断力、行動力で、エネルギッシュに行動し、企業の成長に寄与します。

本人は、何事も「為せば成る（やればできる）」と思っており、さらに、「即断即決、即行動」ということも重視しています。

これまで、それでやってきた自負もあり、部下など他の人にも、変革・成長の努力と、スピードを求めます。

けれども、ときに、まわりがついていけなくなることがあります。

「厳しすぎる」「やりすぎ」「無理難題を押し付ける」人と捉えられたりします。

部下を鍛えようとして、負荷をかけ過ぎ、潰してしまう恐れもあります。この場合、「無理です」と言って突っぱねる部下よりも、むしろ、慕って期待に応えようとする部下が、無理をし過ぎて潰れる恐れがありますので、気をつけてください。


リスクヘッジタイプは、本当に変えることが必要かどうか、変え方などに関して、確認しながらじっくりと取り組むため、リーダータイプから、「仕事ができない」「やる気がない」と思われ、お互い、馬が合わない人になる危険性があります。

また、リーダータイプは、安定期においては、出る杭として、疎まれることもあります。

このタイプの人が上司の場合、「役員が無理難題を言ってくる（P108）」という怒りにつながります。

3　マネジャータイプ

既にあるもの、仕組みなどを、合理的に改善し、安定的に回していくことが得意なタイプです。

ファーストペンギンタイプのように、まったく何もない状態から新たに生み出したり、リーダータイプのように、新しいことにチャレンジしたりするのは、その気持ちはあっても、実際に行動に移すまでに、時間がかかります。

むしろ、マネジャーとして、組織改善、システム改善、商品・サービス改善など、実務における問題点を解決し、よりよい状態にしていくことが向いており、力を発揮します。

企業の成長ステージでは、安定期に向いています。

まわりのことを考慮し、空気を読みます。変化は嫌いではありませんが、過度の変化は疲れます。旅行から帰って来て、どっと疲れが出て「わが家がいちばん」と言うのは、このタイプです。

このタイプの人からすると、ファーストペンギンタイプの行動力は羨ましい反面、熟考せずに思いついたらすぐ動くことは危険で無謀と感じます。

また、リーダータイプ（セカンドペンギンタイプ）の押しの強さは羨ましい反面、自己中心的で迷惑だとも感じます。

表面的には人当たりがよく、職場では、怒りを飲み込む人も少なくありません。その溜めた怒りを、心を許した身近な人にぶつけることもあります。

人に気を遣いストレスが溜まりやすいので、ストレス解消を心がけるとよいでしょう。心身がリラックスできる解消法をお勧めします。気に入った音楽を聴く。好きな本を読む。お風呂に入る。睡眠をとる。散歩やストレッチなどです。

腹が立ったのでお酒を飲む、食べ物を食べるというのは、エスカレートする恐れがあるのでよくありません。また、何度も同じことの愚痴を繰り返すのも、怒りが再燃するのでやめましょう。

このタイプの人が上司の場合、「仕事のやり方まで指図、管理する上司（P110）」という怒りにつながります。

4 リスクヘッジタイプ

4つのタイプのうち、もっとも保守的でディフェンス（守備、防衛）が堅いタイプです。

改善されたものを、常に良い状態であるように徹底させ、守っていくのが得意です。既に確立している法律やルールを正しく運用していく、商品・サービスの品質を管理し、一定レベルに保つ、ビジネスで起こり得るあらゆるリスクを事前に想定し、排除していくことが得意です。

このタイプは、マネジャータイプのようにまわりを考慮したり、空気を読んだりはしません。相手が誰でも、「ダメなものはダメ」「ルールはルール」と考え、決してイレギュラーな対応はしません。

また、このタイプは、不確定なこと、アバウトなことは、時間や労力の無駄と捉え、嫌がります。

ファーストペンギンタイプは正反対の性質のため、お互いに理解し合うのは難しいです。けれども、リスクヘッジタイプが、たとえば法律などの専門家としてファーストペンギンタイプを補佐する場合、強い味方となります。

リーダータイプ（セカンドペンギンタイプ）に対しては、同じように厳しいところは理解できますが、スピードを求められても対応できません。99ページに書いたように、馬が合わない危険性があります。

けれども、ファーストペンギンタイプと同様、リスクヘッジタイプが専門家で、「質を担保するには、最低この時間は必要です」と納得させて、質が高いアウトプットをすれば、信頼のおける相手と見なされます。

企業の成長ステージでは、安定期に向いています。

創業期、成長期においては、何かと文句を言って足を引っ張る人、頭が固い人と見なされ、疎まれることがあります。

けれども、足元をすくわれないためには、リスクヘッジタイプが必要です。

このタイプの人に仕事を依頼するときは、アバウトな依頼の仕方ではなく、なるべく細かく詳しく、正確な客観的データを用いて伝えましょう。

そして、仕事を急かせることはやめましょう。

このタイプの人には、その持ち味を生かすためには、専門性を高めることをお勧めします。専門家からのアドバイスとして発言したほうが、他のタイプにも受け入れられやすいです。

このタイプの人が上司の場合、「盛り上がっている気持ちに水を差す上司（P112）」という怒りにつながります。

CHAPTER 8

こんなときどうすればよい？
～上司への怒り

思いつきで仕事を振ってくる役員

Q

「あっ、思いついた」と、いろいろなことを思いついては、「これ、やってみて」とイレギュラーな仕事を次々に振ってきます。そして、「朝令暮改」で、指示がころころと変わりますが、本人は「常によりよい状態に変化すべき」「進化を遂げよ」と思っているようです。業界の黎明期、まだ業界の形もない頃から、新しい芽に着目し、臨機応変さで切り拓いてこられた役員ではありますが、現在の状況は変わっています。

企業規模が拡大し、ルーティン業務を安定的にまわしていく必要があり、それ以外のことをする余裕はほとんどありません。そういったなか、イレギュラーな仕事、対応で振り回されるのは、正直、迷惑です。

A

このタイプは、ベンチャー企業の創業者（アントレプレナー）や新規事業を成功させてきた担当者に多いタイプです。変化を好み、あきっぽい側面がありますが、それが長所でもあり、短所でもあります。

自由な発想を好み、アイデアは豊富で、普通の人が気づかない視点をもっているのがこのタイプです。柔軟性も高いです。

けれども、安定期に入った企業や、比較的保守的な企業には向きません。

このタイプの人は、マネジャータイプやリスクヘッジタイプが重視する、手順や秩序に沿った仕事の振り方はしないため、現場に混乱を招きます。

しかし、安定期に入った企業、比較的保守的な企業においても、時代の変化を読み、改善を図っていくことや、新しい挑戦は必要です。

そこで、振られる仕事で、ルーティン業務にすぐ反映させたほうがよいと思うこと以外は、別に機会を設けて、そちらに集約させるようにしたほうがよいでしょう。

たとえば、若手や希望者を募り、業務の改善や新規事業に関する、この役員を囲む勉強会を定期的に行ないます。そして、実際に進めたほうがよい改善や新規事業は、プロジェクトで行なっていくようにします。

この役員に接するキーワードは、**「一緒に面白がる」「一緒に楽しむ」**です。少し先を見据え、一緒に楽しみながら、準備を進めるとよいと思います。

役員が無理難題を言ってくる

Q

「為せば成る」が座右の銘のような役員です。「成長」「変革」「即断即決、即行動」という言葉が好きで、強い精神力、行動力で、難題にチャレンジし、変革を起こし、成長し続けるのがリーダーであり、組織だと思っているようです。

実際、それで会社を成長させ、役員になっている方ではありますが、当時と時代も違い、攻めの姿勢一辺倒では難しいことも多々あります。

自信満々で、無理難題を押し付けてくるうえ、部下に厳しくするのが、成長を促すと思っているようで、こちらの言い分は一切聞きません。

どう対応すればよいのか、頭が痛いです。

A

一代で事業を築いた起業家や、その事業をともに形にしてきた創業メンバー、チャレンジングな組織風土、もしくは、かつてはチャレンジングな組織風土だった会社によく見られるタイプの方です。高いリーダーシップと、強い自信をもち、周囲を巻き込み、市場を切り拓いていきます。

このタイプの人は、自信過剰で自己中心的、上から目線、押しつけがましいと感じられることもあります。プライドが高く、反論されると怒ります。

本人は、「当時と時代も違い、攻めの姿勢一辺倒では難しい」とは感じていないため、そういう指摘も受け入れません。むしろ、こちらが、どういう時代であっても、攻めの気持ちは必要だという側面を認め、受け入れる柔軟性をもつと、学べることがあります。

また、このタイプの人は、「即断即決、即行動」を求めるので、そうでない部下は「仕事ができないやつ」と見なされます。

この役員に接するキーワードは、「前向きな姿勢」「即対応」「特別扱い」「頼りにする」「感謝」です。無理難題を出されても、後ろ向きなことは言わず、むしろ、可能なことを伝えましょう。

「今すぐには対応できない」という言い方ではなく、**「今の仕事をなるべく早く片付けて、明後日の午後から着手します」という言い方**です。

仕事のやり方まで指図、管理する上司

Q

部署を異動することになり、新しい上司の下で働いています。

これまでの上司が、仕事の目的とアウトプットイメージだけ伝えて、任せてくれるタイプだったのに対し、今度の上司は、仕事のやり方までいちいち指図します。また、日報や報告書も決まったフォーマットで報告しなければなりませんが、これが細かく、余計な時間がかかります。

こちらが、新人や経験のない人間ならともかく、10年以上、この仕事をし、部下もいるのに、この扱いでは、モチベーションが下がります。それを伝えても、「例外は認めない」と言われ、イライラします。

A

この上司は、地に足が着いた実務家タイプです。自分がいる環境や立場を肯定的に理解し、着実にこつこつと仕事を進めてきています。

管理職として、自分の管轄する部署全体の改善を図っていきたいという気持ちをもっており、実際に、平準化やコストダウンなどを行なっている人が少なくありません。安定期の企業において、必要不可欠な存在です。

仕事のやり方に関して、上司自身が現時点で導き出している、よりよい方法だと考えられるため、ニュートラルな気持ちで取り組み、さらなる改善という視点から、フィードバックを行なえばよいと思います。

また、この上司は、よりよい仕組みにしていきたいというとき、部署全体で行なわないと意味がないとも思っているため、例外や秩序を乱すことをよしとしない発言になっていると考えられます。こちらにも、ニュートラルな気持ちで取り組み、よりよい仕組みという観点から提案を行なえばよいでしょう。

このタイプの上司には、合理的な部分もあり、納得がいけば、無理強いはしませんし、改善案が採用される可能性も高いです。これまでの自分のやり方と違うからと拒否するのではなく、上司のやり方で学べる部分は、積極的に取り入れていきましょう。

この上司に接するキーワードは、**「改善の価値を認める」「一員として取り組む」「実務家タイプのノウハウを学ぶ」**です。

盛り上がっている気持ちに水を差す上司

Q

会話や会議で盛り上がっているときに、水を差す、いえ、バケツで水を浴びせかけるような上司です。

将来的な話をしているのに、「誰が担当し、どういう体制で行なうのか」「それにいくらかかって、いくら利益が出るのか」「こういうリスクには、どう対応するのか」などと、現実的なツッコミを入れてきます。

何か新しいことをやる際も、「それは、こういう点で難しい」と、さまざまなリスクを挙げます。皆のやる気がいっぺんに失われ、腹立たしい気持ちで一杯になります。

A

このタイプの上司は、客観的な実績や、数字、事実に基づいた裏付け、見通しを大事にし、勘やヒラメキなど、曖昧なものは苦手です。詳細かつ正確な情報が足りない状況で行動することにストレスを感じます。

逆に、既に確立されているルールを守ることに力を入れ、部下にも遵守させます。また、起こり得るさまざまなリスクをヘッジすることに敏感です。

安定期の企業の品質管理、法務、財務に、このタイプの人がいると、安心できる存在です。細かいところに目が届き、細かい差異が気になるため、他のタイプの人が見落としそうなことも気づきます。

創業期や、臨機応変な対応、フットワークの軽さが求められる仕事には向きません。ただし、まわりの人にとって、創業期や新規事業においても、ゆくゆく課題となってくるであろう、押さえておいたほうがよさそうなポイントを、先取りして考えておく、準備をしておくことは大切です。嫌がらずに、「転ばぬ先の杖」として、話を聞いておくとよいでしょう。

さらに、このタイプの上司から水を差されても、「こういうタイプの人なのだ」「親切で言ってくれている」と捉え、そこでやる気を失わずに、必要だと思うことは進めるようにしたほうがよいでしょう。

この上司に接するキーワードは、**「数字、事実など、客観的なデータを示す」「リスクヘッジの大切さを認める」**です。

何もやってくれない上司にイライラ

Q

上司が、「本来それはあなたの仕事でしょう」と思える仕事を振ってくるため、困っています。

部下の管理や他部署との打ち合わせ、お客様への対応など、仕事を押し付けられてしまい、明らかに私のほうが長時間働いています。

「どうして私がこれをやっているのか」と、ときどき腹立たしくなってしまいます。

A

何に対して腹を立てているのか、どういう状況が理想的なのか、整理をしてみましょう。

怒りは、物事をどう捉えるかによって、感じたり、感じなかったりします。その際、「べき」がカギになります。「こうあるべき」だと思っていることが、裏切られると、怒りにつながります。

今回の場合、まず、「本来、上司がやるべき仕事」だと思っていることから、怒りが生じています。けれども、**そのべきは、あなたの「べき」で、上司は、違う「べき」をもっているはずです。**

そのため、「上司の仕事」と「あなたの仕事」に関して、上司と話し合い、その内容に関して摺り合わせる必要があります。

もしかしたら、上司は、あなたに仕事を押し付けているのではなく、仕事を任せて育てようとしているのかもしれません。

あるいは、あなたが仕事を引き受けていることから、あなたが納得して働いていると思っているのかもしれません。

また、「私のほうが長時間働いている」ことへの不満も「上司のほうが長時間働くべき」という「べき」から、怒りが生じています。これも、あなたの「べき」であり、公式見解のような正しい答えはありません。

ただし、自分が長時間働いていることに関して改善したいという要望があるのなら、それを上司に伝えてみたほうがよいでしょう。

今はパッとしない上司の自慢話にイライラ

Q

「その話は何度も聞いた」という、過去の自慢話を、事あるごとに上司がします。その上司は、少なくとも現在は、口先だけで、行動は伴っておらず、やっていることも手抜きのように感じます。

毎回、自慢話を聞いているうちに、「今、そのときのようにやってくれればいいじゃないか」と思え、腹が立ってきます。

A

上司が、過去の自慢話をするのは、自分のことを価値ある存在として認めてほしい、尊重してほしいと思う「承認欲求」（P78）からでしょう。現在、当時のような活躍ができていないということで、その上司がもっとも誇れるときの話をするのでしょう。

今、当時のような活躍ができていれば、過去の自慢話を繰り返しする必要もないはずです。

この上司に対する、あなたの「べき」は、どういうことでしょう？

「過去の自慢話を繰り返しするべきではない」

「今、口先だけでなく行動すべき。手を抜かずに、実績を上げるべき」

というようなことだと思われます。もっと言えば、

「現在、行動し、実績を上げるという、上司にふさわしい行動をとるべき」

と思っているかもしれません。

しかし、仮にそれを上司に上手に伝えたとして、改善されるでしょうか？

その改善は、あなたの貴重な時間と労力を使うに値することでしょうか？

「分かれ道」（P45）で考えると、恐らく「変えられない」こと、そして、あなたの人生にとっては「重要でない」ことだと思います。

そうなると「放っておく」ことになります。

日々の生活のなかで、「どうしてこの人はこうなのだろう」「なぜこうしないのだろう」と腹立たしく思うことがあるかもしれません。そのようなときは、**それはあなたの管轄なのか、あなたの貴重な時間と労力を使うことか**を考えたほうがよいでしょう。

考えの古い上司が自分の提案を却下して怒り心頭

Q

インターネットを使った新しい事業に関して、部下と時間を使い準備を重ね、上長が集まる会議で提案しました。

最初は、おおむね良い反応だったのですが、考えの古い上司が「そもそもこういうものは」と、現在のＩＴを否定するような発言をしたため、却下されてしまいました。

この提案は、自社にとってまたとないチャンスだと自負していただけに、怒り心頭です。

その上司に対して、呪いの言葉ばかりが出てきます。

A

このケースは、「分かれ道」（Ｐ45）で考えると、恐らく「変えられない」けれども、「重要」なことだと思います。

その場合、**「変えられない現実を受け入れると同時に、今できる行動を探す」**ことになります。

変えられないことは、その上司が、現在の時点では、ＩＴに否定的であることと、提案が却下されてしまったことです。

今できる行動は、たとえば、提案を再度行なって通す準備か、違う形で進める準備でしょう。提案を通すためには、却下した上司に賛同してもらう必要があります。

この上司が反対しているのは、提案の意図や内容を「よく理解していない」か「理解する気がない」、もしくは、両方だからだと思います。

あるいは、何か危惧していることがあるのかもしれません。

いずれにしても、まずこちら側が上司の考え、気持ちを十分に聴くことです。

そのうえで、相手が理解できるように、こちらの提案内容を伝えるとともに、会社にとって重要で価値ある提案であり、その上司に力を貸してほしいこと、信頼していることをわかってもらうことが重要です。

それが難しい場合、この上司にわかってもらえなくても提案を通す方法や、提案を通さなくても、別の形でできる方法がないか、考えればよいでしょう。

アンガーマネジメントの目的は、「後悔しないこと」ですので、その観点から考え、動けばよいと思います。

部下の前で恥をかかせる上司が許せない

Q

私が管理している部署の会議の際、いつもは来ない私の上司が来たかと思ったら、「○○君、あれは何だよ」と、いきなり私の非難を始め、言いたいことをいろいろ言った挙句、出て行ってしまいました。

そのときは、私も部下も何が起きたのかわからず、呆気にとられていましたが、後から怒りがこみ上げて来ました。

何か言い返したり、対応したりするにも、突然の出来事でできず、一方的になじられ、部下の前で恥をかかされたことが、どうしても許せません。

A

何に対して腹を立てているのか整理してみると、「上司から非難されたこと」「部下の前で恥をかかされたこと」「突然の出来事で対応できなかったこと」だと思います。

このうち、「非難された」ことと「恥をかかされた」ことは、あなたの解釈であり、上司にそのような意図があったのか、部下がそう感じたかは不明です。

事実はあくまでも「急に○○さん（上司）がやってきて、○○さん（あなた）に対していろいろ言って出て行った」ということです。不必要に怒らないためには、**「事実」**と**「思い込み」**をわけて考えることが大事です。

さて、「分かれ道」（P45）で考え、「重要だけど変えられない」ことだとすると、「変えられない現実を受け入れると同時に、今できる行動を探す」ことになります。

変えられないことは、「会議中、部下がいる前で、いきなり上司からいろいろ言われたこと」と、「そのとき、対応できなかったこと」です。

今できる行動は、その上司に、「言われた内容を確認し、対応すること」と、「会議中、進行を遮らないよう、お願いすること」でしょう。

怒りのなかには、このケースのように、「そのときは何も言えず（何もできず）、あとから腹が立ってくる」ということがあります。

その際、終わったことで気にしないという選択もありますが、納得がいかず、放っておくことによって後悔しそうなら、そのときにできることを探してやることです。

経験もないのに偉そうにしている社長の息子

Q

地方の中堅企業で部長をしている42歳の男性です。数か月前に社長の息子が専務として会社に入ることになり、組織・体制、仕事のやり方などが変わりました。

社長の息子は、東京の大学を出て、これまで7～8年、東京の大手企業で働いており、30歳になるのをきっかけに、跡継ぎとして戻ってきたようです。

地域の現状を理解しようとせず、東京の大手だからできそうなことを次々にやろうとします。こちらが何か言っても、馬鹿にしたような、偉そうな態度で、腹が立って仕方がありません。

A

社長の息子さんは、自分のほうが「立場が上」だと思っているのに対して、あなたは自分のほうが、当地での仕事の経験など「実質的には上」（P80）だと思っていることから怒りが生じているのかもしれません。

あなたが自分のことを「認めるべき」「評価すべき」と思っているのと同様、相手も自分のことを「認めるべき」「立場を認識すべき」と思っているはずです。

「べき」は、本人には正しくても、他人には他人の「べき」があり、主張し合っても平行線で、意味はありません。また、こちらが相手を認めない状態で、相手に自分を認めさせるのは簡単ではありません。

むしろ、この場合、**共通の目的を確認したほうがよい**でしょう。

それは、会社をよりよくすることです。

「地域の現状を理解せず、東京の大手だからできそうなことを次々にやろうとする」ことに対して、「東京の大手だからできそうなこと」と決めつけず、狙いや詳しいことを確認し、よりよい方法でやれないか考え、提案するのはいかがでしょうか。

その際、理解していないと思われる「地域の現状」について、説明が必要なら、相手がわかるように伝える必要があります。

さらに、相手が「馬鹿にしたような、偉そうな態度」をとっていると感じたとしても、それに引きずられずに、あなたにできること、やるべきことはあるはずです。

怒りっぽい上司をどうにかしたい

Q

上司が怒りっぽく、些細なことで怒ったり、すぐに怒鳴ったりします。そのために、職場の雰囲気が悪くなっていますが、本人に怒りっぽくて職場の雰囲気を悪くしているという自覚はありません。

アンガーマネジメントの講座を受けさせるなり、本を読ませようとして、声をかけても、「そんなものは必要ない」「怒らずに、どうやって指導するのだ」と受け入れません。

こちらが、「アンガーマネジメントは怒らないことではなくて……」と説明をしようとしても、「わけがわからない。しつこい」と拒否されます。

A

アンガーマネジメントは、基本的に自分が変わるためのものであり、誰かを変えたいと、無理やり受講させたり、本を読ませたりするものではありません。

あなたが、その気がないことを無理強いされるのが嫌なように、その上司も無理強いされること、とくに部下から無理強いされることは、愉快ではないはずです。むしろ、あなたが、アンガーマネジメントを知ることによって、自分が変わってよかったと思っているのなら、まわりに無理強いしなくても、少しずつよい影響を与えていくと思います。

今のあなたは、「怒りっぽい人」や「アンガーマネジメントを受け入れない人」を許せないと、腹を立てています。

怒りっぽい上司に、

「怒りっぽいことを自覚して、職場の雰囲気を悪くしないようにするべき」

「怒りっぽい人は、アンガーマネジメントを学んで変わるべき」

と、ある意味、自分の「べき」を押し付けようとしています。

しかし、「怒りっぽい人もいる」のが職場であることを受け入れ、許容するという選択肢もあります。

また、自分や職場の人たちが、「怒られ強くなる」という方法もあります。

基本的に、よく怒る人は「怒られ弱い」という傾向があります。

怒られ強い人は、考え方、価値観、「べき」は、人によって違っていると思っているため、人に怒られても過剰には反応しません。

怒られたときに、「この人は、どういう考えからそれを言っているのだろう」と思い、相手を理解しようとします。

そして、「自分に対して何を求めているのか」と考え、対応できることは対応しようと思います。

けれども、「怒られ弱い」人に、その余地はありません。

人に怒られたり、何か指摘されたりすると、落ち込んだり、傷ついたりするだけでなく、怒り返したり、反発もします。

なぜなら、相手の考え方、価値観、「べき」が、自分とは違うことを理解できず、許せないからです。そのため、ときとして、相手に対して「意味がわからない」「そっちが間違っている」と怒り返します。

怒られ強くなるためには、世の中には、いろいろな人がいるということを意識することです。そして、**人は一人ひとり違うから面白い**と思えれば、怒りっぽい人がいても、安定した気持ちで毎日を過ごすことができるでしょう。

CHAPTER 9

こんなときどうすればよい？
〜部下への怒り

部下が指示待ち、受け身で腹が立つ

Q

最近、転職し、課長職に就いたのですが、部下たちがあまりにも指示待ち、受け身で驚いています。ルーチンワークがあるだろうに、何も言わないと、何もしません。

始めてからも、「これ、どうしたらよいですか?」と、いろいろ聞いてきます。「これまでどうしていたの?」と、聞いても、「う〜ん?」という感じです。

しかし、まだ聞く人はマシなほうで、ただボケッとしている人もいて、声をかけると、「忙しそうだったから、声をかけては悪いかと」という調子です。

A

「何も言わなくても、自発的に仕事をするべき」「主体的に考え、動くべき」という、あなたの「べき」は、転職先では通用しないようです。

むしろ、その段階の前のように見受けられます。

すなわち、何の仕事をすればよいのか、どう動いたらよいのか、ルーチンワークすら明確でない様子です。

こんなとき、「この部下たちは、どうしてこうなのだろう」と、**「原因」**や**「過去」**を探っても、あまり意味はありません。

むしろ、「どうしたらこの部下たちが、自発的、主体的になるだろうか」と、**「解決策」**や**「未来」**に焦点を当てて、考えたほうがよいでしょう。

前者は**「問題志向」**、後者は**「解決志向」**です。

「問題志向」は、葉っぱが溝に詰まったので水が流れないなど、原因が明確で、それを取り除けば解決する場合に向いています。

原因が不明確な場合、明確でも、それを取り除いても解決につながらない場合は、「解決志向」のほうが向いています。

このケースの場合、部下たちに、これまでの仕事の進め方や、それぞれの状況、キャリア、能力、希望などをヒヤリングしたうえで、まずは、担当の仕事や手順、期限、その他について、決まっていないものは決め、明確にしたほうがよいでしょう。

そもそも「察して動け」「いちいち言わせるな」「汲み取れ」「考えればわかるだろう」（P22）というのは無理ですし、行き違いが生まれます。

怒っても反応がなく、改善もしない部下

Q

部下に書類作成を依頼した際、間違っている箇所を指摘し、修正を頼んでも、「申し訳ありません」「はい、承知しました」「修正しました。確認してください」などの言葉が一切ありません。無言でデスクに戻り、修正したとも言いません。しばらくして、こちらが「修正した？」と聞くと、無言で書類を渡すだけ。

あまりにも腹が立って「○○さん、なんで無言なの。それってよくないよ」と怒ってしまいましたが、何も言わず、その後も態度は改善されません。

A

「修正を頼んだら、承知しましたと言うべき」「修正したら、報告すべき」という「べき」は、この部下にはないのかもしれません。

あるいは、あるのかもしれませんが、萎縮していたり、ショックを受けていたり、相手も怒っていて、言葉にできなかったのかもしれません。

とくに、自己肯定感の低い人は、悲観的に物事を考えてしまう傾向があり、傷つき、怒りやすく、そのため、自分にフタをしている人もいます。

いずれにしても、まだお互いの信頼関係ができていないようですし、コミュニケーションも不足しているようです。

修正を頼む際、また、修正ができた際に、まず「書類作成、ありがとう」「修正、助かるよ」「頼んだことを、早く、きちんとやってもらえて嬉しいよ」などの、**感謝・労い、評価の言葉を意識してかけましょう**。

感謝や評価の言葉が何もなくて、いきなり間違いだけ指摘されると、部下はがっかりします。また、修正の説明後、「わかった?」「わかったら、『はい、承知しました』と言ってもらうと嬉しいな」「修正ができたら教えてね」などの言葉も伝えたほうがよいでしょう。

あなたにとっては当たり前のことであっても、部下にとってはそうではないことも多く、指示をしないとわかりません。

また、「なんで無言なの」という責める言い方は、傷つき、反発しやすくなるので、やめましょう（P67）。

報告、連絡、相談をしない部下にイライラ

Q

日頃から、部下には、「報告、連絡、相談が大事。ちゃんとするように」と伝えているのですが、しません。仕方なく、「あれ、どうなった？」と聞くと、「じつはこうでした」と、「なぜもっと早く言わない」ということを伝えます。

そのせいで、お客様への連絡が遅れたり、スケジュールが狂ったり、困っています。それを伝えても、ピンと来ていないようで、イライラします。

A

「ちゃんとするように」と言われても、具体的に、どういうときに、何を、どのように伝えたらよいのか、何のために伝えることが必要なのか、言わないとわかりません。そんなことは、いちいち言わなくてもわかるだろう、であれば、既にそうしているはずですから。

報告、連絡、相談のルールを決めて、それに沿って行動してもらうようにしたほう

がよいでしょう。

いちいち決める必要があるのか、と思うかもしれませんが、「べき」は一人ひとり違うため、「これは報告（連絡、相談）すべき」「いつ、どのように伝えるべき」という基準も違っているはずです。

少なくとも、上司のあなたの「べき」を伝え、理解してもらわないと、あなたの意向に添うようにはならないでしょう。

さらに、最初は、あなたのほうから、積極的に、また気軽に、声をかけるようにしたほうがよいでしょう。

たとえば、「客先を訪問して帰ったらすぐに報告」と決めた場合、担当者が戻ってきたら、すぐに「どうだった？」と声をかけましょう。

「帰ってきたらすぐ」と決めても、あなたが忙しそうにしていたら、部下は、今、報告してもよいのだろうか、と迷うかもしれません。

また、部下が戻ってきたときに、あなたが外出していたら、あなたが戻ってきてすぐに報告してよいのかどうか、わかりません。

習慣化するまで、フォローしたほうがよいでしょう。

部署内のコミュニケーションが悪い

Q

私の部署内のコミュニケーションが悪く、困っています。関連する仕事の担当者同士が、きちんと連絡をし合わないため、わかっていて当然のことがわかっていません。

お互いに、「相手が聞かなかったから、言う必要はないと思った」と、平気で言います。日頃から「もっとコミュニケーションをとるように」「仕事のつながりや流れを考えて、配慮して動くように」と言っているのですが、改善されません。

A

あなたが部下に求め、伝えてもいる「きちんと連絡をし合う」「コミュニケーションをとる」「仕事のつながりや流れを考えて、配慮して動く」などのことが、具体的なアクションとしてどうすることなのか、また、「わかっていて当然のこと」に関しても、部下たちはわかっていないと思われます。

言っている側は、もちろん具体的なイメージをもって言っているのですが、聞いている側は、それをよく理解していません。

あなたがやってほしいことを、5W1H（いつ、どこで、誰が、何を、なぜ、どのように）で整理して、部下が、どのように行動すればよいのか、指示したほうがよいと思います。

また、コミュニケーションを良くする、仕事のつながりや流れを理解してもらうためには、そういう機会、会議や研修（ワークショップ）を設けたほうがよいでしょう。

たとえば、あなたが、仕事のつながりや流れ、それぞれの役割や意義を説明する、担当者同士が違う仕事を半日なり1日なり体験してみる、他己紹介をし合う、他社や他部署向けの紹介ツールを作ってもらうなどです。

改善委員会を設けるなり、月一ランチ交流会などをしてもよいと思います。

それらが、部下にとって、余計な仕事にならないような配慮をすると同時に、そもその目的、目標なども伝えましょう。

そして、企画段階、実行段階、具体的に改善された段階などで、部下を評価し、感謝、労いの言葉も忘れないようにしてください。

休むとき、同僚にLINEで送る部下

Q

先日、部下が体調不良で会社を休んだのですが、その際、同僚にLINEで、その旨を送ってきました。

当社では、総務と直属の上長の両方に電話で連絡するのが慣例で、そのことは伝えていますが、「番号がわからなかった」などと言っています。他部署では、会社のLINEのビジネスアカウント、LINE@の1：1トークに、休む連絡を送ってきた人間もいるようです。

「なぜLINEじゃだめなのか？」と文句を言っているようです。

A

「総務と、直属の上長の両方に電話で連絡する」という慣例に対して、その理由を部下に伝え、部下は納得しているでしょうか？

部下にとっては、LINEで同僚に送るほうが簡単で慣れているため、わざわざ電話を2か所もかける意味を理解、納得できていないと、怠ってしまいがちです。

「なぜLINEじゃだめなのか?」というのは、文句というよりも、疑問だと思います。LINEは、若い世代にとっては、電話よりも便利で日常的なインフラになっているからです。電話をかけることがルールであっても、そこに合理性を感じなければ、抵抗感を感じるでしょう。

総務へは勤怠管理の連絡、上長には仕事の確認、それぞれに連絡するのは、電話を回す手間を省くため、電話で直接話をすることによりタイミングのずれをなくし、いち早く情報が共有できる、などが、理由だと思いますが、今後もずっと頑なに、これを守る必要はないかもしれません。

お互い、仕事がやりやすい方向に変えていってもよいかもしれません。

LINEでの連絡の場合、誰に送るのか、受け取った人がどう対応するのか、返信が返ってこない場合、上長の仕事の確認がある際はどうするのか、など決めておく必要があります。

また、LINE@は、お客様向けのアカウントであり、そこに社員から日常的にメッセージが送ってくるようになっても対応できないし、混乱することを伝えればよいと思います。

文書を送る、電話をかける、どちらが正式？

Q

当社で研修会をすることになり、部下に講師を選んで依頼するように頼みました。部下は、インターネットで候補を探し、メールで打診して、内容、日程、費用などが折り合ったので、正式に依頼をしてもらうことにしました。

部下としては、電話をかけて正式に依頼したとの認識だったのですが、先方は、「文書での依頼が正式だろう。常識がない」と怒っており、私も同感です。

文書を持参して挨拶するなり、せめて文書を郵送するかメールを送るのが正式という発想は、若い人にはないのでしょうか？

A

文書が正式か、電話での説明が正式か、これは若い人によらず、相手が「読み書きタイプ」か「聞き話しタイプ」かによります。

「読み書きタイプ」は、物事を認識するのに文字や文章が得意なタイプです。駅で迷ったときに案内板を見ます。

このタイプの人は、仕事でも、メールなど文書で依頼されないと、正式に依頼されたとは受け取りません。口頭は、打診だと受け取ってしまいがちです。事務系、内勤の人に比較的多いタイプです。

「聞き話しタイプ」は、物事を認識するのに、聞いたり話したりするのが得意なタイプです。駅で迷ったときに、駅員やそこにいる人に聞きます。

このタイプの人は、仕事でも、電話や口頭で依頼されないと、正式に依頼されたとは受け取りません。メールを細かく見ていないことも多く、「改めて口頭で依頼があるだろう」と思っています。営業系、外勤の人に比較的多いタイプです。

どうしても自分のタイプで行動してしまいがちなので、部下にも、どちらのタイプの人もいるので、両方で対応するように伝えたほうがよいでしょう。つまり、**文書も送って、口頭でも説明する**ということです。

文書でも、郵送が正式だと思っている人や、話すのも、会って口頭が正式だと思っている人もいます。逆に、会うのは時間がとられて迷惑と思う人もいるので、相手に確認して合わせるように部下に伝えたほうがよいでしょう。

サービス部門なのに、気が利かない部下

Q

私の部署は、お客様相手のサービス部門なのですが、まったく気が利かない部下がいます。言われないと動かないし、言われたことしかやりません。

たとえば、「机を拭いて」と言うと、拭きますが、机の上のパンフレット入れが汚れていても拭きませんし、パンフレットがなくなっていても補充しません。

お客様が両手に荷物を持っていても、ドアを開けたり、荷物を預かったりすることもできません。

指導しても、メモも取らず、覚えず、イライラします。

A

基本的に、気が利かないと思う部下に、「気が利かない」とか「気を利かせて」と、繰り返し言っても、気が利くようにはなりません。

何をどうするのが「気が利く」状態なのか、わかっていないからです。

とくに、「まわりを見て」「人を見て」「想像して」「先を読んで」「気がついて」などという言葉は、気が利く人にしか通じない暗号のようなものです。

そこで、気が利く部下に協力してもらって、気が利かない部下のためのプログラムのようなものをつくります。

その仕事において求められることで、気が利かない部下にしてほしいこと、具体的な動作であったり、考え方であったりを挙げてもらい、一つひとつマスターしてもらうのです。

それぞれの内容での**理想レベルと、最低限押さえてほしいレベル、評価基準などを挙げてもらい、緊急度の高いもの、あるいは、難易度の低いものから、覚えてもらいます**。今日の目標、あるいは、今週の目標として、確実にできるようになってもらうのです。

もちろん、先に、このプログラムの目的、一人前のサービススタッフになってもらうことを伝え、マスターしたことに対しては、評価し、労いの言葉もかけます。新人向けプログラム、レベルアッププログラムに発展させていっても、よいと思います。

会議では発言せず、陰で文句を言う部下

Q

私の部署では、月に1回、全部員を集めて、定例会議を開き、さまざまな情報を共有したり、課題を話し合ったりしています。その場では何も発言しないのに、陰で不満を口にしているらしい部下が数名いるようです。放っておいても構わないのかもしれませんが、あまり気持ちのよいものではないので、個別に呼んで聞いたところ、皆、「とくに不満はない」と言います。ところが、そのことを「事情聴取されちゃった。恐っ！」と言っていると聞きました。腹立たしい気持ちで一杯です。

A

あなたが腹を立てているのは、「陰で不満を言うべきではない」「言いたいことがあるのなら堂々と伝えるべき」と思っているからかもしれません。また、こちらを馬鹿にしたような態度と受け取ったのかもしれません。

けれども、世の中にはいろいろな人がいるので、ときには、こういう人が部下になることもあるでしょう。

呼んで聞いた際に、「とくに不満はない」というからには、もし、不満があったとしても、そこで、それ以上の対応はできません。

仕事に支障をきたしていないのなら、放っておけばよいと思います。

もし、気を遣うとしたら、部署全体の雰囲気です。何かあなたに言いたくても、面と向かって言いにくい、本音を言いにくい、コミュニケーションを取りにくい状態ではないかです。

会議や報告の際、部下たちは十分に言いたいことを言えているでしょうか？　活発に議論がなされているでしょうか？　あなたが、部下の発言を遮ったり、声を荒げて反論したり、黙らせたりしていないでしょうか？

陰で文句を言っているのが、一部のネガティブな部下なら仕方がないかもしれませんが、それが氷山の一角であれば問題です。

自分ではわかりにくいので、**他部署の管理職や、正直に意見を言ってくれそうな部下に聞いてみる**とよいでしょう。

「無理です。できません」という部下

Q

その部下の担当である事務の仕事を頼むと、すぐに「無理です。これはできません」とか「この納期ではできません」という人がいます。ほかにたくさんの仕事を抱えているわけでもありません。

なぜできないのか、理由を聞いても、「無理ですから」と言うのみです。「頼んだよ」と言っても、結局やらず、「だから無理だと断わったじゃないですか」という態度です。

本来こんなことを認めるわけにはいかないのでしょうが、イライラするだけで、有効な手が打てません。

A

「部下は上司の頼んだ仕事を素直に受けるべき」「無理だと思う仕事もできませんと言わずに受けるべき」「どうしても無理だと思う場合は、上司に納得のいく説明をすべき」「上司から、仕事を『頼んだよ』と言われたからには、引き受けるべき」などの、あなたの「べき」「期待」に対して、この部下は応えようとしません。「分かれ道」（P45）では右上だと思われるため、「変えられない現実を受け入れると同時に、今できる行動を探す」必要があります。

叱る場合は、「リクエスト」を伝えます（P60）。

しかし、「リクエスト」として、単に「頼んだよ」と言っても、やらないことはわかっています。

まず「これは」「この納期では」と言っているので、「どれなら」「どこまでなら」「どの納期なら」できるのか、**「できること」「無理ではないこと」を確認**したほうがよいでしょう。

また、今、担当している仕事の内容や、仕事の仕方についても確認しましょう。もしかしたら、効率の悪い仕事の仕方で時間がかかっているのかもしれません。あるいは、以前、無理な仕事を引き受け、たいへんな目に遭った経験から用心しているのかもしれません。状況を把握して、部下がコミットメント（実行を約束）できる方向で摺り合わせましょう。

また、やる気がない場合は、やる気を出す方法を考えましょう（P48）。

「もう私、尻拭いしませんから」と怒る部下

Q

毎週、納期までに仕事が終わらない部下がいて、そのフォローを仕事のできる部下に頼んでいました。ところが、1か月ほど経ち、できる部下が「もう私、尻拭いしませんから」といきなり怒り出しました。

理由は、「自分は、毎週、納期までに仕事を終わらせているのに、人のために余計な仕事をしている。改善もなく甘えている。自分だけ損な役回りで納得できない」とのことでした。

私は、できる部下にリーダー的な役割を期待し、チーム全体を考えてほしいと思っていたのに、裏切られた気分で、腹立たしさでいっぱいです。

A

できる部下には、あなたの意図、期待、「リーダー的な役割を果たし、チーム全体を考えてほしい」ということは、伝わっていないと思われます。

できる部下は、単に、得にならない「余計な仕事」「損な役回り」「尻拭い」を押し

付けられているという認識でしょう。

あなたは、できる部下は「自分の意図をわかっているはず」と思っていたため、1か月のあいだ、できる部下に対しても、できない部下に対しても、ある意味、放っておく結果になってしまったと思われます。改めて、できる部下に、あなたの意図、期待を伝え、これまで伝えず放っておいたことを詫び、労ってください。

また、できない部下に対しても、仕事量は適切か、仕事のやり方に問題はないかなどの現状を確認したうえで、育成する方法について考えてください。

改めてできる部下に依頼するのか、あなたとできる部下とで一緒に育てるのか、その場合の分担、あるいは、あなたが育てるのかなどを決めましょう。

その際、できない部下にも、期待を具体的に伝えてください。

相手(部下)が、こちら(上司)の意図、期待をわかっているはずと思っても、伝えていないことは、伝わらない、あるいは、違うように解釈されてしまう可能性はあります。**期待は、相手にわかるように具体的に伝えましょう**。

そして、期待に応えて結果を出した場合はもちろん、応えようと努力していることに対しても、**感謝と評価の気持ち**を伝えてください。

ダメな部下ばかりで毎日イライラ

Q

自分で言うのもなんですが、私は仕事ができる管理職だと思います。それを見込まれて、異動になった先が、ダメ人間ばかりが集まっている部署です。やる気がない、能力もない、妙なプライドがあるなど、問題のある部下ばかりで、立て直しを期待されています。テレビドラマか何かなら、主人公が手腕を発揮して、華々しく改革していくのでしょうが、正直、使えない部下ばかりで、話になりません。毎日イライラしてストレスが溜まる一方です。もしかして、自分は何かの罠にかけられているのかもという気もしてきました。

A

あなたから見ると、「ダメ人間ばかり」「問題のある部下ばかり」と思えるかもしれませんが、部下の悪い点、ネガティブな点を探して、イライラするのがあなたの仕事ではありません。

それらを指摘され、責められても、部下たちのやる気は高まりません。言い訳と反抗心が生まれるだけです。

そもそも、あなたの、あるいは以前の上司の理想、期待を部下たちが把握していたか、コミットメント(実行を約束)していたか、現実に即した妥当な内容だったか、疑問です。

あなたがやるべきことは、一人ひとりの現状を把握し、実現可能でやる気の起きる目標を決め、コミットメントしてもらうことです。必要に応じ、一緒に戦略(実現可能な方法)も考えましょう。

戦略として、仕事のなかにゲームの要素を取り入れる**「ゲーミフィケーション」**も有効です。そして、結果を見える化し、フィードバックしましょう。

その際、できなかったことを責めるのではなく、できたことを評価しましょう。やらない人を非難するのではなく、やった人を称賛しましょう。ネガティブな点ではなくポジティブな面に着目しましょう。

部下たちを「敗者」にして責めることではなく、「勝者」にして、一緒に祝うことが、あなたの役割です。

元気よく返事はするが、すぐに忘れる部下

Q

仕事を依頼すると、「はい、わかりました」と、元気に返事をするものの、すぐに忘れてしまう部下がいます。若いスタッフなので、加齢による物忘れではありません。本人に悪気はなさそうですが、頼んだ仕事がすっかり忘れられてしまうため困ります。指摘すると、「それ、何でしたっけ?」と、きょとんとしていることもあります。気をつけるように言っても、やはり「はい、わかりました」と、元気に返事をするだけで、改善はなされず、イライラします。

A

仕事を依頼する際、忘れないように、なるべくその場ですぐ仕事をしてもらったほうがよいでしょう。また、後でやるのなら、その時間になるとアラームを鳴らす「リマインダー」アプリを使うなり、タイマーをかけておくようにしてもらってください。

そもそも、部下が、上司の言った仕事の依頼を、なぜ忘れるのか?

考えられるのは、**上司と部下では、仕事の優先順位が違う**ことです。

部下は、自分が今やらなければならないルーチンワークや慣れている仕事を優先させます。そうではない、イレギュラーな仕事は、後回しになり、忘れてしまうこともあります。

仕事の依頼のみならず、上司が大切だと思い、力を入れて説明している、組織の目標やビジョンに関しても、部下が自分の仕事や、自分の将来に関連付けて考えられないと、優先度は下がります。

部下は、「言っていることはわかるけれども、それよりもまず今やるべき仕事を片付けなければ」と思うのです。

毎日、今やるべき仕事があるため、それに関係のないことは、後回しとなり、やがて忘れられてしまいます。イレギュラーな依頼は、「余計な仕事」となりがちです。

それが「余計な仕事」ではなく、「重要な仕事」の場合、事前にその旨を伝え、場合によっては、その分のルーチンワークを減らす必要があります。

仕事に自信がない部下

Q

自己肯定感が低いというか、メンタルが弱いというか、心配性で、仕事に自信をもてない部下がいます。

書類のミスを訂正するように言うと、ため息をついています。また、確認で「報告書、いつできあがる?」と聞くと、泣きそうな顔で「まだできていません」と言います。

客先でも、おどおどしているようで、先方から「質問したら、まるでこちらが責めているような顔で、嫌だから、担当者を変えて」と言われる始末です。

正直、鬱陶しくもあり、イライラします。

A

国立青少年教育振興機構の調査（高校生の生活と意識に関する調査報告書 - 日本・米国・中国・韓国の比較 - 平成27年）によれば、日本の高校生は、米中韓と比べて、自己肯定感が低いという結果が出ています。

理由はいろいろと挙げられていますが、これまで上の立場の人（親、教師、上司）から、期待され、応えたことに対しての評価が十分ではなかったためもあると思います（P20）。

また、「なぜ片づけないの?」「もう終わったの?」など、質問の形で責める言い方をされてきた経験から、質問されると責められていると受け取るのかもしれません。

このような部下の場合、できていないことよりも、できていることにスポットを当て、それを評価するようにしてください。

また、本人にもできていることを意識してもらうために**「サクセスログ」**を書いてもらうとよいでしょう。

これは、自分ができたことを書き出すテクニックです。どんな些細なことでもよいので、できていること、うまくいったことを書いてもらいます。

朝起きた、出社した、○○の仕事をした、など、本人にとっては当たり前、普通と思えることも、できない、難しいという人もいます。

できていることを確認し、上の立場の人から評価されることで、自分を肯定し、自信も生まれてきます。

褒めたのに、女性差別だと騒ぐ社員

Q

女性社員への対応が苦手です。こちらが意図していないことで、女性差別だと言われることがときどきあります。

たとえば、アルバイトの女性に「きれいな色の服だね」と褒めたことを、本人からではなく、別の女性社員から「ああいうの、女性差別なのでやめてください」と言われたりします。

その女性社員は、私がその人を「○○さんはベテランなので、わからないことは聞いてください」と、他の社員に言ったことも、「ベテラン」という言葉が気にくわなかったようで、女性差別と言っていて、腹が立ちます。

A

考え方、価値観は、人によってそれぞれ違い、こちらが気にならないことでも、気にする人はいます。

服の色に関して、こちらは褒めたつもりでも、そこに何らかの**「意味づけ」**をして、差別だと受け取る人もいます。たとえば「きれい」という言葉や、服装に関して何か言うこと自体が、女性差別だと受け取る人もいます。

「ベテラン」という言葉も、言った側は、その仕事のエキスパートという意味で敬意を払ったのを、言われた側は、「お局」などと同じ、古参の女性社員を侮辱した言葉と、意味づけをしたのかもしれません。

他人が意味づけをして、不快に感じたり、怒ったりすることはコントロールできません。相手の気分を害したことを詫びるとともに、こちらとしては、センスを褒め、仕事のエキスパートとして敬意を払ったつもりだったことを伝えるとよいでしょう。

そして、「ベテラン」ではなく、何と言ったらよいのか、たとえば「エキスパート」「プロフェッショナル」「スペシャリスト」など、どれならOKかを聞いて、次からはそれを使いましょう。

同じような言葉でも、人によっては、その言葉に関する嫌な思い出などもあり、使ってほしくないこともあります。

女性差別に関しても、受けとめ方には幅があるので、気になることは言ってもらうようにし、対応すればよいと思います。

反抗的な部下が頭痛のタネ

Q

さまざまなことに食ってかかる部下がいます。

たとえば、「外出するときは行き先をボードに書く」という部内の取り決めがあるのですが、「伝える義務はないはずです」と言って書きません。

会社で慣習のようにやっていることに対しても「意味があるとは思えません。私はやりません」「馬鹿馬鹿しい」などと反抗的です。

他部署の管理職は、私に「部下に舐められるな。そういうやつは叩き潰せ」「ビシッと叱ってやれ」と言います。けれども、何を言っても言い返してきそうです。その部下にも、他部署の管理職にも腹立たしい気持ちです。

A

確かに、相手を否定してもより反抗的になるだけですし、こちらが言い返しても、さらに反撃されるだけでしょう。むしろ、相手の意見を聞いてみてください。

その際、先に**「KPTシート」**に記入し、説明してもらうとよいと思います。

「KPT（ケプト、ケーピーティ）」は、仕事の振り返りに使うフレームワークです。チームで情報共有するのにも向いており、シンプルですが、生産的な振り返りができます。

テーマ（目的）を決め、K、P、Tの順に書いていきます。

Keep＝継続。よい点、うまくいっているので、今後も続けたほうがよいこと。

Problem＝問題点。問題なので、今後はやらないようにすること。

Try＝挑戦。次に試すこと。

Keepをこう改良するとなおよいと思うこと、

KPT シート

<table>
<tr><td colspan="2">テーマ（目的）</td></tr>
<tr><td>Keep（継続）</td><td rowspan="2">Try（挑戦）</td></tr>
<tr><td>Problem（問題点）</td></tr>
</table>

Ｐｒｏｂｌｅｍをこう解決するとよいと思うことを書きます。

ただ不満を並べるのではなく、こうしたらよいという改善策（Ｔｒｙ）まで出してもらうことに意味があります。

反抗的な部下だけでなく、部署の全メンバーに、定期的に「ＫＰＴシート」を書いてもらい、皆で日々の仕事における問題点や改善策を出し合う機会を設けてもよいでしょう。


不満を並べて、反抗する部下は、ある意味、「こうしてくれない」と、相手に依存している状態です。

人に不満を投げても、自分の納得する形で解決してくれることはほとんどありません。もし相手が「では、こうしましょう」と努力してくれても、「これは違う」「なぜこうなんだ」と、さらに不満が生まれます。

自分が主体的に問題を解決しようという方向に発想を切り替えれば、改善策が出てきます。部下にそのことを理解、体験してもらいましょう。

CHAPTER 10

こんなときどうすればよい？
〜他部署への怒り

他部署の管理がルーズで、自部署が迷惑

Q

私の部署では、他部署からのさまざまなデータをまとめて、会社全体の数字を出すということをやっています。

ところが、ルーズな部署がいくつかあり、締め切りまでに全部揃うことがありません。毎回、締め切りを過ぎてから、中途半端な状態で投げられ、確認や修正など、余計な仕事に大わらわです。

該当部署の部員も管理職もルーズで、何度お願いしても、改善されません。部下は「ちゃんと言ってください」と怒っていますが、言っても埒が明きません。

A

締め切りを過ぎても、会社全体のために、良かれと思ってイレギュラーな対応をしていることが、当たり前の状態になっているようです。

このままでは、状況は改善されず、部下のモチベーションは下がりそうです。

今後は、締め切りまでに揃わないもの、中途半端な状態のものは受けないと決め、それを関連部署に事前に伝え、実際に受けないようにしたほうがよいでしょう。

「三重丸」（P41）で、どうでもよいことは「2（許容可能範囲）」を広げればよいですが、重要なことや仕事に関することは、「2」の位置を一定にして、相手にわかるよう、示す必要があります。

該当部署に改めて、「2」の線を示してください。

それと同時に、なぜ中途半端な状態で、締め切り後に投げられるのか、ルーズさ以外に原因があるのかどうかを確認し、どちらかの部署で改善できそうな点は、改善したほうがよいでしょう。

たとえば、提出するデータを記録するフォーマットが決まっていない。該当部署の誰もその数値を管理していないので、それぞれの部員が思い出して適当な数字を書いている。その数値は、該当部署にとって重要な指標ではないのでおろそかにされているなどです。

該当部署の管理職や部員に状況を聞くとともに、協力を要請して、お互いにやりやすい形に変えていきましょう。

何でも知りたがる他部署のマネジャーが鬱陶しい

Q

「そちらの部署には直接関係ないでしょう」ということまで、あれこれ情報を知りたがる他部署のマネジャーがいます。

単に知りたがるのはまだよいとしても、ときどき「これは知らなかった。なぜ教えてくれないのか」と突っかかってきます。

こちらに悪気はなく、むしろ、こちらは、親切で教えているのに、なぜそんなことを言われなければいけないのか、まったく納得がいきません。

A

そのマネジャーの考える「知っておきたいこと」「把握しておくべきこと」と、あなたの考える「知っておいてほしいこと」「知らせておいたほうがよいこと」が異なっているため、互いに怒りにつながっています。

このようなとき、それぞれが、自分の「べき」を主張し、「こちらが正しい」と言い争っても、お互い疲弊するだけで、結論は出ず、何のメリットもありません。

「べき」は、本人が「正しい」と強く信じていることなので、簡単に譲歩はできません。他人から押し付けられても、反発を感じるだけです。

「べき」で戦わずに、**相手の目的や具体的なリクエストを聞くとともに、こちらのリクエストも伝え、お互いに摺り合わせる**しかありません。

あなたが、自部署に直接関係ないことは、基本的に不要な情報だと捉えているのに対して、相手は、直接関係ない情報でも、他部署など会社に関わる情報は、タイムリーに、詳しく知っておきたいと思っているようです。

後者は、比較的、女性に多いタイプで、横のつながりを重視し、情報を共有し、コミュニケーションをとり、連携していきたいと考えています（P72）。

時代の動きとしては、「縦の時代」から「横の時代」になってきています。

企業においても、社外スタッフや、他社、お客様と一緒に、知恵を出し合って、商品・サービスを開発したり、互いによりよい状況にしていこうとしたりする動きになっています。

他部署とも協力し合えることは協力し、よりよい状態にしていってください。

偉そうな部署、管理職など、腹立たしい会社

Q

管理職として、自部署にもいろいろな悩みはありますが、腹立たしいのは、むしろ他部署です。

営業の部署は、管理職も部員も横柄です。自分たちが食わせてやっているという態度です。また、経理や総務の部署は、「それはどうでもいいだろう」という細かいことを、必要以上にうるさく言ってきます。

他にも、責任転嫁する部署や、役員に取り入ろうとする管理職など、腹立たしい部署、管理職ばかりです。

まさに「どいつもこいつも」状態で、日々腹立たしい気持ちです。

A

「本当に腹立たしいやつばかりだ」「あいつらがこうだったから、今日は一日不愉快だった」と思っているかもしれません。

しかし、**「怒りスイッチ」**をオンにし、腹を立てているのは自分です。

どんなに、相手に非があっても、相手が挑発して来ても、最終的に、「怒りスイッチ」をオンにするかどうかは、自分が選ぶこと、選べることです。

もし、「本当に腹立たしいやつばかりだ」と感じても、「あいつらがこうだったから、今日は一日不愉快だった」とする必要はありません。

「あいつらがこうであっても、私は今日一日を、やるべきこと、やりたいことをして楽しく、有意義に過ごす」ことはできます。

相手は変えられなくても、自分が相手に振り回される必要はありません。

相手がどうであろうとも、自分の貴重な時間を、腹立たしい相手のためにムダにしなくてもよいのです。

それは、決して諦めることや、泣き寝入りすることではありません。

そもそもの目的と「現状で私にできることは何だろう」ということを考え、それをやればよいのです。

たとえば、この場合、営業が横柄だと感じることに対して、また、経理や総務が細かいことを必要以上にうるさく言ってくることなどに対して、自分（自部署）は具体的に何をどうしたいのか、できることは何かを考えます。

そのことで、自部署に何か問題が起きているのなら、改善策を考えましょう。他部署（この場合、営業、経理や総務）に、何かお願いする場合、どう言えば協力してもらえそうか、考えて伝えます。

「お前たちが悪い」「お前たちが間違っているから、こちらに被害が及ぶ」「普通はこうだろう。おかしいだろう」と言って、相手を非難しても、状況が改善することはほとんどありません。

「こちらはこう希望している。応えてくれると助かる」「こちらはこれを望んでいたが、伝わっていなかったようだ。こうしてくれるとありがたい」と、リクエストと気持ちを伝えてください。

また、他部署が責任転嫁する、役員に取り入ろうとするケースは、どれが**「事実」**で、どれが**「思い込み」**か、冷静に考えてみてください。先ほどの営業が横柄、総務が細かいに関しても、同様です。

具体的な問題が発生しておらず、ただ気に食わないだけなら、やはり、自分の貴重な時間を、腹立たしい相手のために、ムダにしないようにしてください。

CHAPTER 11

お客様からの怒り

お客様が大切に思っていることと、そこから来る怒り……「立場が上」

「上司への怒り・部下への怒り」（P77〜）で、「承認欲求」について書きましたが、お客様にも、承認欲求はあります。

お客様は、スタッフよりも**「立場が上」**なので、それをスタッフが認識して、配慮すべきだと思っています。

さらに、常連のお客様や大口のお客様は**「特別扱い」**してほしいと思っています。

お客様は、歓迎されたいし、優越感も得たいと思っています。また、恥はかかされたくないと思っています。

そのため、お客様の怒りのツボは、スタッフがお客様のほうが「立場が上」だということを認識していないような言動でプライドを傷つけられる、恥をかかせられることです。

この場合、スタッフが、実際には、お客様のほうが「立場が上」だと思っていても、プライドを傷つけたり、恥をかかせたりした覚えはなくても、**お客様がどう感じたか**が問題です。

たとえば、お客様が商品やサービスに関して勘違いしていることを、スタッフが、実際はこうですと伝えた場合、プライドを傷つけられた、恥をかかせられたと思う人はいます。

お客様「君の会社は、こういうサービスをやっているよね」

スタッフ「申し訳ありません、そのサービスは行なっていないのです」

という場合、お客様が「ああ、そうなの」と、納得すればよいのですが、自分の発言を否定され、プライドを傷つけられた、恥をかかせられたと思うこともあります。

スタッフにとっては、「理不尽な怒り」ですが、お客様は、自分が正しいと思っていたりします。

「立場が上」である自分の「当然こうあるべき」「こうあってほしい」という気持ちを拒否し、期待に応えないのは許せないと感じているのです。

「立場が上」ということから、商品やサービスに関係のない不満を、スタッフにぶつけてくるケースもあります。

お客様の怒りにどう対応すればよいのか？

お客様の怒りにどのように対応すればよいのでしょうか？

お客様の怒りは、クレーム（苦情、問題点の指摘）として扱われますが、恐れず、軽んじず、適切に対処することが必要です。

クレームをゼロにしようという会社もありますが、ゼロにはなりません。ミスは発生しますし、お客様の勘違いや八つ当たりもあります。お客様の「べき」はさまざまですし、期待に応えられないこともあります。

一方で、クレームはお客様のニーズを聞くチャンス、改善のチャンスでもあります。良い対応ができれば、ファンになってもらえます。

逆に、悪い対応で、お客様を失ってしまうこともあります。

まずお客様を3つのタイプに分類します。

そして、それぞれのタイプ別に対応しましょう。

1 クレーマータイプ

八つ当たり的に、クレームを言うタイプ。

クレームの内容が、商品、サービスに関係していても、それを本当に問題だと思っているわけではない。きっかけに過ぎない。

自分に関心を寄せさせ、自尊心や優越感を満たすことが目的。

2 無理強いタイプ

常連客や大口客に多い、無理を言うタイプ。

他の客には行なっていない対応をしてもらうことで、自尊心や優越感を満たすことが目的。

3 カスタマータイプ

商品、サービスにおける問題を伝えるタイプ。

お互いに譲歩できる落としどころを探している。

1 クレーマータイプへの対応のしかた

商品やサービスに、いわゆる**「言いがかり」**をつけてくるタイプです。

それが問題だから解決してほしいと思っているわけではなく、単に文句を言いたい「きっかけ」に過ぎません。

お客様という、上の立場、強い立場を使って、八つ当たりしストレス解消すること、自尊心や優越感を満たすことが目的です。

このような場合、問題解決に労力をかけてはいけません。その問題を解決しても、また別の問題を挙げてくるからです。

話を聞き、クレームを申し出ていただいたことに対して、お礼を言うことが基本です。

まず、名前、住所、連絡先を聞きます。教えていただけない場合、「会社に報告し、対応させていただきますので、恐縮ですが、お聞かせください」とお願いします。それでも教えていただけない場合、「申し訳ありませんが、対応はできかねます」と言えばよいでしょう。

「言いがかり」の場合、個人情報を教えたくない心理が働き、捨て台詞を残しながらも引き下がったりします。

「お金を返せ」「お詫びをしろ」など、金品を要求してくる場合、「レシートはございますか。もし、ない場合は、大変恐縮ですが、対応はできかねます」など、会社のルールに沿って対応してください。

もし、「お前のところの商品で、こういう損害が出たので弁償しろ」と言われても、「会社に相談し、できる限りの対応をさせていただきますので、損害を証明できるものをご用意いただけますでしょうか」と返しましょう。

金品を要求してくるクレームは、詐欺の場合も多く、相手はプロなので、相手のペースに巻き込まれないことが大切です。

日ごろから、同業者や同じ地域の事業者からの被害情報を集めておいたり、スタッフにクレーム対応研修を受けてもらったりするのがよいでしょう。

2　無理強いタイプへの対応のしかた

常連のお客様や大口のお客様で、「特別扱い」してほしいと思う気持ちが高じて、通常は行なっていない対応を求め、こちらが難しそうな様子を示したり、難しいと言うと、怒るタイプです。

「君の会社のようなところだったら、普通そのサービスもやるでしょう」「何でやっていないの。おかしいよ」「お金は払うから、やってよ」などと言ったりします。

このような場合、どれだけ融通を利かせるのか、あるいは、イレギュラーな対応はしないのかは、それぞれの会社のルールによります。

会社のルールがない場合、決めておく必要があります。そうしないと、イレギュラーな対応は、他のお客様の耳にも入り、「どうして、うちは対応してもらえないの」などの怒りにもつながるからです。

また、常連客だから、大口客だからと、安易に受けずに、対応する場合も「くれぐれも今回だけですので」「こういう条件の場合に限らせていただきます」「かわりに、こうしていただけますか」と、限定的、条件付きで対応したほうがよいでしょう。

そうしないと、要求がエスカレートする恐れがあります。

また、相手が強い言葉でイレギュラーな対応を求めてくる場合でも、内心は、「うまくいけば儲け物だけど、対応できないかもしれない。とりあえず言ってみよう」と思っているケースもあります。

そのような場合、相手が納得できる説明を丁寧にすれば、「そうだよね。仕方ないよね」と、要求を引き下げたりもします。

逆に、こちらが、保身に走る様子が感じられたり、相手の話をよく聞かず、おざなりな態度だったり、対応に誠意が感じられなかったり、的外れなことを言ったりすると、最初はそこまで強引でなかったのが、強引になったり、相手の怒りに火をつける結果となります。

とくに、相手の言葉を遮ったり、言い返したりするのは、より怒らせるだけですので、**相手がすっきりするまで「真摯にお話を聞かせていただきます」という態度**で臨んでください。

3 カスタマータイプへの対応のしかた

こちらが認識していない、商品、サービスの問題点を指摘し、それを解決してほしいと思い、伝えてくれています。

このタイプの人が指摘する問題は、他のお客様にとっても問題であることが多く、黙って離れていくお客様が多いなか、わざわざ指摘いただけるのは、ありがたいことです。

すぐには対応できない問題でも、譲歩できる落としどころを提示し、きちんと問題解決する必要があります。

まずいのは、このタイプのクレームを、「言いがかり」「クレーマー」と捉えて、いい加減にあしらい、問題解決しないことです。

せっかくの改善の機会が損失につながります。また、大切なお客様を失ってしまいかねません。

カスタマータイプでも、こちらへの伝え方が冷静な態度ではなく、大きな声で強い怒りをぶつけたり、言い方がくどかったりして、「言いがかり」「クレーマー」と勘違いされやすいケースもあります。

相手は、こちらに期待している分、その裏返しで、強く怒っていたりもします。こちらの商品、サービス、会社のファンだったりしますので、言っている内容などから見極めることが必要です。

相手が落ち着くまで静かに話を聞き、怒りが収まってきたら、「どのようにさせていただけばよろしいでしょうか」「まず、このようにさせていただくのはいかがでしょうか」と、対応策を相談しましょう。

いずれのタイプも、初期対応が大切です。

管理職は、部下が早く解決したい気持ちから、焦って言い返したり、独断での対応をしたりしないよう、お客様の話を十分に聞くように指導しましょう。

お客様の気持ち、とくに第一次感情（P30）を慮りながら、6W3Hをヒヤリングしてもらいます。

6W3Hは、いろいろな使い方ができますが、お客様の怒りの場合、**「いつ、どこで、誰に、何が起きたのか？　誰が関与し、なぜ、起きたのか？（6W）量、コストは？　どのようにしたいのか？（3H）」**として使うとよいでしょう。

客観的な「事実」と「思い込み」、お客様の「気持ち」と「欲求」がごちゃ混ぜになって語られることが多いので、「クールヘッド（冷静な頭）とウォームハート（温かい心）」で聞きましょう。

ちなみに、この言葉は、イギリスの経済学者、アルフレット・マーシャルが、経済学を学ぶ姿勢について語ったものだと言われています。

話を聞く際は、たとえ相手がクレーマータイプだと思っても、途中で話を遮らず、大事なことは復唱しながら聞きます。

メモは必ず取りましょう。対面の場合は、お客様に「大切なことなのでメモを取らせていただきます」と断わりましょう。

CHAPTER 12

自分への怒り

本当に自分に怒っている？……思い込みから解放する

自分に対しても、怒りは生まれます。

そもそもの怒る理由は、「こうあるべき」「こうあってほしい」という「理想」と「現実」とのギャップです（P34）。

自分への怒りは、自分が「こうあるべき」「こうありたい」と思っていることに対して、そうなっていないことから発生しています。

自分に対して腹を立てている場合、怒りの矛先が、本当に「自分」に向かっている場合もありますが、じつは、心の中では、自分ではない「誰か」身近な人、家族、会社の人、友人、恋人などに対して腹を立てている場合もあります。

そして、そのことに、本人が気づいていないこともあります。

心の中では、そういった身近な誰かは『『こうあるべき』と思っているに違いない。

だから、自分は頑張って期待に応えようとしている」という気持ちとともに、相手に怒りを感じていたりします。

自分が期待に応えようとしているのは、期待に応えることで相手に受け入れられたい、いい人でいたい、価値ある存在だと認められたい、そうすることで自分を守りたいという気持ちからだったりするのですが、同時に、自分が相手の「べき」「期待」に、ある意味、縛られていること、期待に応えなければならない義務感に対して、憤りも感じていたりします。

こういう場合、そういった自分の「心の中」の本心に気づき、**自分を縛っている「思い込み」から解放する必要があります。**

実際には、相手はそういう期待はしておらず、自分の思い込み、決めつけかもしれませんし、もし、期待されているとしても、どれくらい期待に応えるかどうかは自分が決めるものです。

じつは、その相手ではなく、自分が自分を縛っているので、自分で開放できます。自分の怒りスイッチをオン・オフできるのは自分だけですし、自分の行動を決めるのも自分だけにしかできません。

自分に腹が立ったとき……今できることを探す

さて、怒りの矛先が、本当に「自分」に向かっている場合、自分に腹が立ったときの行動は、「分かれ道」（P45）で、その状況を「変えられる」か「変えられない」かに分けて考えます。

自分のことなので、エリック・バーンの言葉「自分と未来は変えられる」（P87）からすると、状況を変えられそうですが、自分の決断や努力だけで、変えられないこともあります。

たとえば、成長期を過ぎてから身長を高くするのは難しいですし、不老不死になるのも不可能です。さらに、就職先や結婚相手、オーディション合格、受賞など、自分だけでなく人が選ぶものは、必ずしも自分の希望どおりにはなりません。

そういう意味では、自分のことであっても、自分が直接コントロールできること以外は、変えられない場合もあります。

「7つの習慣」の著者、スティーブン・R・コヴィーは「自分の行動を選択することはできるが、その結果を選択することはできない」と言っています。

たとえば、「社長の○○さんが、自分を新しいプロジェクトメンバー長に選んでくれたらいいな」という場合、○○さんにその意志を伝え、自分の実績や描いているビジョンをアピールすることはできますが、その結果、○○さんが自分を長にしてくれるかどうかは、自分では選べません。

自分で選べないことは、自分ができる範囲で努力をして、結果を待つしかありません。けれども、努力しても、思わしくない結果になることもあります。相手の選択は、自分の努力の方向とは関係ない場合もありますので。

「分かれ道」で右上、「重要だけど変えられない」場合、**「今できる行動を探す」**しかありません（P46）。

その際、「もし、○○さんがこうしてくれたら」「もし、これがこういう状況なら」ということを祈るよりも、「私はこれができる」「私はこうしよう」という**自分が直接コントロールできること**に集中したほうが、自分のエネルギーと時間を効率的に使うことができるでしょう。

嬉しかったこと、楽しかったことを書き出す……ハッピーログ

自己肯定感が低い、自信がない部下に対する改善策として、**「サクセスログ」**を紹介しました（P153）。

このテクニックは、物事が自分の理想どおりにいかず、自分に腹が立つときにも使えます。

とくに、新しいことに挑戦する場合など、軌道に乗るまでにはそれなりの時間がかかるものです。また、うまくいったかと思ったら、問題も発生するなど、アップダウンもあります。

そういったなか、「なぜうまくいかないのか」という焦りや自信喪失、「これを続けていてよいのか」という疑問や不安、「いったいどうすればよいのか」という混乱や憤りの気持ちが生まれてきます。

そんなとき、できていること、うまくいったことを書き出す「サクセスログ」は有

効です。物事がうまくいかない場合、できていること、うまくいったことは忘れ去られ、あらゆることが、できていないこと、うまくいかないことのように感じられるものです。そこから視点を変えることで、自信を取り戻し、打開策も見つかります。

さらに、有効な方法として、**「ハッピーログ」**というテクニックもあります。

これは、嬉しかったこと、楽しかったことを、書き出すものです。

嬉しい、楽しいと感じたら、忘れないうちに、その「1　日時と場所」、「2　出来事」、「3　気持ち」、「4　強さ（10段階）」をメモします。

毎日、ネガティブなことばかりではなく、ポジティブなことも起きていることを、改めて確認、認識することができます。

私たちの日常においては、物事がうまくいくこともあれば、いかないこともあります。また、一日のうちで、多少なりとも、ポジティブな気持ちになることもあれば、ネガティブな気持ちになることもあります。

それらのうち、どこにスポットを当て、どんな感情で多くの時間を過ごすか、もし、ネガティブな気持ちになっても、ずっとそのままでいるか、ポジティブな気持ちに切り替えるかは、自分で選ぶことができます。

セルフストーリー（未来予想図）で未来を創る

自分の選択により、自分の理想の未来を創っていくのに役に立つのが、**「セルフストーリー（未来予想図）」**というテクニックです。

これは、理想とする自分の未来を決め、自分を主人公とする物語を描いて、その実現を目指すものです。

次のページの図のように、時間軸に沿って、波線のように、アップダウンしながらも、右肩上がりに上がっていくストーリーです。

ゴールとその日時を決め、それまでにやることや、起こりそうなこと、困難を乗り越える方法などを、時系列に表に書き込んでいきます。

先のことを考えて不安になったときに、自分の未来は自分で決めるということにすれば、落ち着きます。

さらに、何か心配事があっても、「こういう場合はこうする」という解決策をあらかじめ考え、書いておけば、「たとえそうなっても大丈夫」という自信につながります。

自分の人生において、自分が直接コントロールできることの割合を増やし、それを実行することに集中したほうが、思い通りの人生になる確率は高まります。

自分に対する怒りに関しても、「なぜ、こうでないのか」と、理想とのギャップに腹を立てるだけで、何も行動しないよりも、「私はこうする」と決めて、「セルフストーリー」に組み込み、ゴールにむけた行動を始めたほうがよいでしょう。

ぜひ「セルフストーリー」を描いてみてください。

セルフストーリー

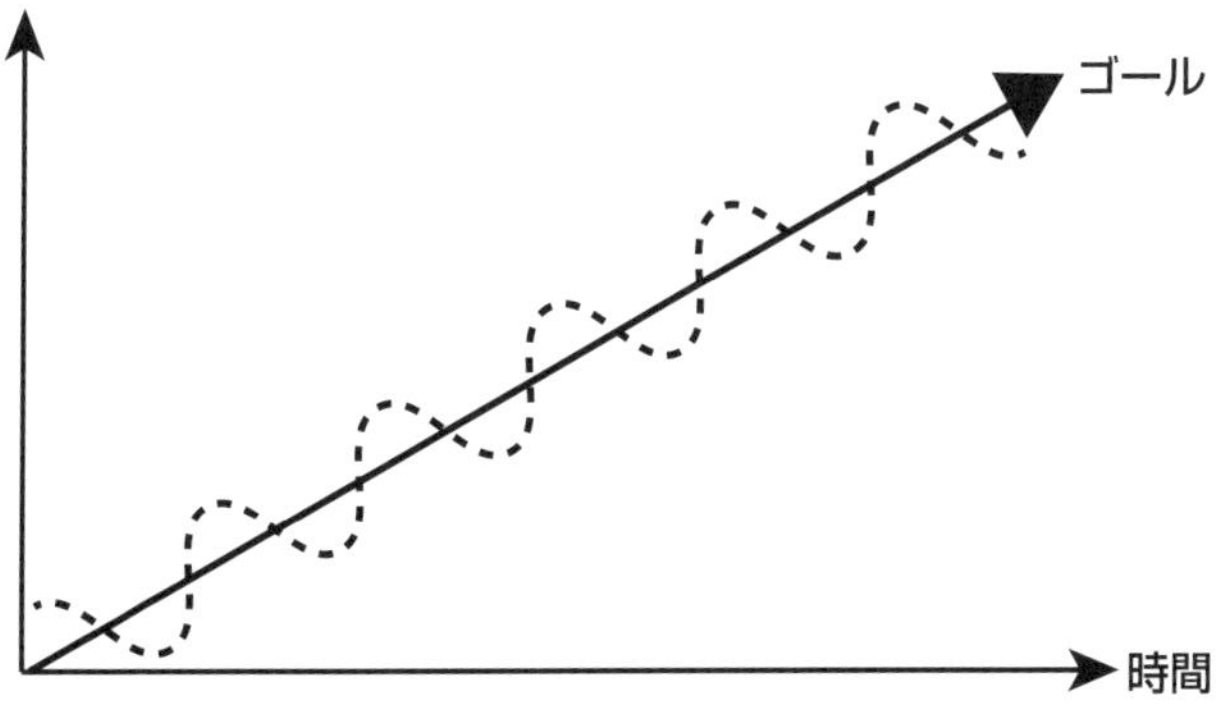

感情をマネジメントするというと、感情を捨てる、自分を捨てるという意味に捉える人もいるかもしれません。けれども、じつは逆です。

むしろ、たとえば、怒りの感情に振り回されて、本心とは違うことを言ってしまう、相手を傷つけ、自分も傷つける言動で後悔しないように、自分の気持ちを上手に伝える方法が、アンガーマネジメントです。

私は、２０１４年に、日本アンガーマネジメント協会の認定講師になってからこれまで、３年間で２３０回のアンガーマネジメントの講座（研修、講演含む）に登壇しています。

講座では、「目から鱗が落ちた」「人生にインパクトを与える内容だった」と言われることが少なくありません。怒りの正体は「べき」で、自分が怒りスイッチを入れていることに愕然とする人もいます。けれども、自分が怒りスイッチをオンにしているのなら、オフにもできます。

アンガーマネジメントは、次のように、ビジネス、経営に役に立ちます。

1　物事がうまくいかないときもイライラしない……ストレスが減り、心身のダメージを軽減する。集中力がアップし、冷静に的確な対応ができる。

2　部下を上手に叱ることができる……部下のモチベーションが上がり、成果、業績につながる。

3　社内外の人間関係がよくなる……コミュニケーションがよくなり、信頼、協力が生まれる。

4　お客様の怒りの理由もわかる……接客力が向上する。

あなたの仕事をうまくいかせ、ビジネスを成功させるために、また、価値ある人生にするために、アンガーマネジメントをご活用ください。

最後に、この出版のきっかけをくださった、日本アンガーマネジメント協会の安藤俊介代表、お世話になっている協会事務局、理事、本部委員会、九州支部をはじめとするファシリテーターの皆さま、総合科学出版の倉田亮仁さん、ツナグバ共同代表の金子マモルさん、家族に感謝します。いつもありがとうございます。

〈参考文献〉
『いつも怒っている人もうまく怒れない人も 図解アンガーマネジメント』
安藤俊介監修、戸田久実著／かんき出版
『イラッとしない思考術「怒りの感情」が〝スッ〟と消える』
安藤俊介著／ＫＫベストセラーズ
『怒る技術 やさしいだけじゃ、部下は動かない』
安藤俊介著／ＰＨＰ研究所
『アンガーマネジメント　ファシリテーター養成講座テキスト』
一般社団法人日本アンガーマネジメント協会

著者：川嵜 昌子　（かわさき・まさこ）

一般社団法人日本アンガーマネジメント協会認定アンガーマネジメントコンサルタント。

長崎市生まれ。東京の一部上場の出版・経営コンサルティング会社で、経営者向け雑誌・ウェブマガジンの編集長、コンテンツ開発局長、チーフコンサルタント等として26年間働いた後、2010年にコンサルタントとして独立。

5000社以上の経営者を取材、コンサルティングするなかで、感情のマネジメントが成功の鍵であることを確信。アンガーマネジメントの研修、講演、相談を、全国で行なっている。

主な著書として、『アンガーマネジメント　経営者の教科書』（総合科学出版）がある。

Webサイト: 怒りと上手に付き合おう～アンガーマネジメントのすすめ
http://angermanage.info

アンガーマネジメント　管理職の教科書

2017年12月1日　第1版 第1刷発行
2019年 9月10日　第1版 第2刷発行

著者　川嵜 昌子
カバー・本文デザイン　萩原弦一郎（DIGICAL）
印刷　株式会社 文昇堂
製本　根本製本株式会社

発行人　西村貢一
発行所　株式会社 総合科学出版
〒101-0052　東京都千代田区神田小川町 3-2 栄光ビル
TEL　03-3291-6805（代）
URL：http://www.sogokagaku-pub.com/

Printed in Japan　ISBN978-4-88181-865-7

アンガーマネジメント
経営者の教科書

川嵜　昌子／著

ISBN978-4-88181-871-8
定価：本体 1500 円＋税

うまくいっている経営者は
「うまくいく考え方・あり方」をしている！
何かよくないこと、問題が起きたときに、
環境や人のせいにしない……
このノウハウはアンガーマネジメントから
得ることができる‼